책이
시키는 대로 했더니
인생이 달라졌다

책이 시키는 대로 했더니 인생이 달라졌다

초 판 1쇄 2020년 04월 28일

지은이 최수미
펴낸이 류종렬

펴낸곳 미다스북스
총괄실장 명상완
책임편집 이다경
책임진행 박새연 김가영 신은서
본문교정 최은혜 강윤희 정은희 정필례

등록 2001년 3월 21일 제2001-000040호
주소 서울시 마포구 양화로 133 서교타워 711호
전화 02) 322-7802~3
팩스 02) 6007-1845
블로그 http://blog.naver.com/midasbooks
전자주소 midasbooks@hanmail.net
페이스북 https://www.facebook.com/midasbooks425

ISBN 978-89-6637-790-9 03190

값 15,000원

미다스북스는 다음세대에게 필요한 지혜와 교양을 생각합니다.

책이 시키는 대로 했더니 인생이 달라졌다

삶의 끝에서
책을 만났다

최수미 지음

미다스북스

지금 당장 손에 책을 들자

학창 시절 책을 읽는 것보다 친구들과 노는 것을 좋아했다. 그때는 책의 필요성을 느끼지 못했다. 순탄치 않은 가정 환경이었지만, 다들 그렇게 사는 줄 알았다. 특유의 단순함과 긍정적인 성격으로 크게 개의치 않은 것도 사실이다. 학창 시절까지만 해도 내가 좋아하는 친구들이 있었고, 나를 좋아해주는 친구들이 있었기에 관계에 대해 고민해본 적이 없었다.

그런데 사회에 나와 보니 학창 시절과는 다르게 관계가 어려웠고 그 문제는 나를 직장 부적응자로 만들었다. 사회는 편한 친구들에게 하듯이 하면 안 되는 조직이었다. 사람들을 대할 때도 방법이 필요했다. 나는 그 방법을 몰라 모난 돌이 정을 맞듯이 두들겨 맞기만 했다. 결국에는 적응하지 못하고 3년 동안 이직을 6번이나 했다. 사회생활에 적응하지 못하게 되면서 불평과 불만이 커져갔다. 그러던 중 우연히 책을 만났다.

처음 책을 읽기 시작할 때는 재미 위주의 읽을거리로만 생각했다. 그러다가 인생 책인 데일 카네기의 『인간관계론』을 만나게 되었다. 이 책을 읽기 시작하면서 나는 나 자신을 점검하기 시작했다. 지금까지 사회생활에서 내가 적응하지 못하고 헤매던 이유를 찾게 되었다. 책을 읽으면서 나의 단점을 보완하게 되었고 그로 인해 직장 부적응자에서 조금씩 벗어날 수 있었다. 직장에서의 관계가 개선되다 보니 인정도 받게 되었다.

그 후로는 책을 닥치는 대로 읽기 시작했고, 좁았던 나의 의식 세계가 커지면서 현실에 안주하고 살지 말라는 메시지도 받았다. 책은 더 많은 세계를 나에게 제시해주었고 그 많은 세계에서 너도 그들처럼 성공하며 살 수 있다고 희망을 말해주었다.

책을 읽기 전까지 희망과 꿈이 없었다. 그런데 책을 읽으면서 지금보다는 더 잘 살고 싶어졌다. 항상 돈에 쪼들려 살았던 우리 집에서 나는 항상 그렇게 살아야만 하는 줄 알았다. 그런데 책에서는 나에게 그렇게 살지 말라면서 방법도 제시해주었다.

책이 알려 주는 방법을 하나둘 실천해가기 시작했다. 그 전까지는 벗어나고 싶은 가난의 고리에서 벗어날 방법을 알지 못했지만, 책이 그 방법을 말해주고 있었다. 책은 나에게 가난의 고리를 끊는 방법들을 알려주어 내 삶의 한 줄기 빛이 되어준 고마운 존재다.

사람들은 지금보다 더 잘 살고 싶어 한다. 그러면서 방법은 찾지 않는다. 간단하고 저렴한 방법으로 부에 가까이 갈 수 있는데도 말이다. 그것은 책이다. 책에는 지금보다 훨씬 풍요롭게 살 수 있는 방법들이 가득하다. 덤으로 의식도 깊어지고 커지면서 예전의 나와는 전혀 다른 내가 되어 감을 알게 되는 것도 큰 기쁨이고 행복이다.

인생을 살면서 변하고 싶지만 막상 변화를 시도하자니 겁이 날 것이다. 어떻게 변해야 하는지 알 수 없고 방황하고 있을 것이다. 그런데 책은 내가 변해도 된다고 말해주면서 긍정적으로 나를 지원해주고 용기를 북돋아준다.

현실에서는 지지를 못 받지만, 책에서는 이미 성공한 성공자들이 변해야 한다고 앞으로 나아가야 한다고 나를 지지하며 나아갈 방향도 제시해준다. 우리는 책을 통해 성공자들이 알려주는 방법을 손쉽고 저렴하게 배울 수 있다.

내가 그랬다. 어느 날 나에게 갑작스럽게 다가온 책은 힘들어하던 내 삶의 돌파구를 제시해주었다. 나는 책이 주는 방법과 기회의 조언을 그대로 받아들였다. 그러면서 나는 인생을 살아가는 방법을 알게 되었고, 지금은 예전보다 더 풍요로운 삶을 살아가고 있다. 앞으로 더 큰 의식과 물질적 풍요를 누리고 살 것이라는 믿음이 있다.

나는 이 책을 통해 힘들어하는 사람들에게 희망을 전해주고 싶다. 내가 책을 통해 인생의 희망을 발견했듯이 이 책을 읽는 사람들이 책의 필요성을 느끼고 책을 통해 희망을 품고 진짜 꿈을 찾게 되고 그것을 하나씩 이루면서 살아가기 바란다. 책을 비약적으로 읽게 된다면 분명 당신의 삶은 달라질 것이라 장담한다. 책을 읽게 되면 사고가 바뀌고 의식이 달라지기 때문이다.

자! 그럼 준비가 되었는가?
지금 당장 손에 책을 들자.
당신은 더 나은 인생으로 가는 가장 빠른 지름길을 선택한 것이다.

마지막으로 이 책이 나오기 전까지 항상 나에게 힘이 되어준 우리 가족에게 감사를 전하고 싶다. 책을 쓴다고 평소 하던 일까지 못했지만 묵묵히 지켜봐주신 존경하고 사랑하는 우리 엄마 양순오 여사님, 오빠, 항상 조용히 믿음으로 지켜봐주는 언니와 형부 그리고 사랑하는 조카 윤과 지희 모두에게 진심으로 사랑하고 고맙다고 인사를 하고 싶다. 그리고 내가 작가의 길을 걸을 수 있게 멋지게 코칭해주신 우주 최강 코치님이신 김도사님과 권마담님에게 감사의 인사를 표한다.

끝으로 나를 지으시고 항상 조건 없이 사랑해주시는 주님께 영광을 돌리고, 길 잃은 어린 양이 헤매지 않도록 이끌어주심에 감사드린다. 가장 좋은 때에 가장 좋은 것을 주신다는 것을 알기에 앞으로도 주님이 주시는 모든 것을 믿고 따를 것이다.

목 차

2장 | 책이 시키는 대로 했더니 인생이 달라졌다

3장 | 책 속에 모든 고민의 답이 있었다

4장 | 좋은 책과 독서는 부를 끌어당긴다

5장 | 지금 읽는 책이 당신의 미래를 결정한다

1장

절망의 끝에서 책을 만나다

01

내가 몰랐던 것을 알게 되다

순탄치 않은 가정 환경

내 어린 시절을 생각해보면 부모님은 항상 싸우셨다. 하루가 멀다 하고 싸우는 집안에서 나는 불안감을 안고 살고 있었다. 그런 불안감이 내재되어 있어서일까? 집에 있는 것보다 밖으로 나가 친구들과 어울리는 것을 좋아했다. 오죽했으면 엄마는 나에게 역마살이 꼈느냐고 맨날 밖으로 나가서 논다고 야단을 치셨다. 나는 집에 있으면 불안하고 답답했다. 밖에서 친구들과 놀다 집에 들어갈 때가 되거나, 학교가 끝나고 집에 가야 할 때가 되면 좋으면서도 불안했다. '오늘은 엄마 아빠가 안 싸웠겠지? 오늘 집안 분위기는 괜찮을까?' 때로는 집에 엄마 아빠가 없을 때 안도감을 느꼈다. 집에 혼자 있는 게 편했다. 그래서 항상 나는 밖으로 돌아다녔던 것 같다.

어린 시절 우리 집은 가난했다. 나는 우리 집이 가난한 줄 몰랐다. 1970~1980년대에는 모두 사는 게 비슷해서 우리 집이 가난하다는 생각을 못 하고 살았다. 그러나 차츰 커가면서 우리 집이 가난하다는 것을 알게 되었다. 언제나 돈에 쪼들려 산다는 것을. 그래서 부모님은 항상 싸우셨다는 것을.

고향에서도 우리 집은 가난했던 모양이다. 내가 초등학교 3학년쯤에 고향 나주에서 광양으로 이사를 했다. 고향에는 논도 밭도 없었다. 부모님은 생활이 힘들던 차에 아빠 친구의 권유로 광양으로 이사를 결심하셨다.

광양에서 아빠는 환경미화원을 하셨다. 항상 새벽에 나가 저녁에 들어오셨다. 엄마는 새로운 터전에서 자리를 잡기 위해 식당으로 일을 다니셨다. 두 분 다 고된 타지 생활이었다. 고향을 떠나온 우리 가족은 방 한 칸 월세방에 다섯 식구가 살았다. 그게 타지 생활의 첫 집이었다.

어린 나는 그게 좋은 건지 나쁜 건지 알 수 없었지만 내가 선택할 수 있는 문제가 아니었다. 그런데 사춘기에 접어든 오빠는 달랐던 것 같다. 중학생 사춘기에 학교를 옮기다 보니 학교생활에 적응을 못하는 것 같았다. 오빠가 학교에 안 가고 집에 있는 날이 부쩍 많아졌다. 부모님은 속이 터져 하면서도 오빠를 어르고 달랬다. 그 과정에서도 부모님은 항상 다투셨다. 왜 적응을 못하냐며 이해 못 하는 아빠와 그래도 자식 편에서 이해하려고 하는 엄마는 서로 많은 의견 다툼이 있었다. 나는 또 다른 싸움의 원인이 되는 오빠가 싫었다. 오빠도 차츰 적응을 하는지 집에 있는 날이 점점 줄어들었다. 우리 가족은 힘들게 타지 생활에 적응해가고 있었다.

우리가 커가면서 우리 가족은 방 2칸인 집으로 이사를 했다. 방은 2개였지만 집이 산 아래 동네였다. 그곳에서 6년 정도 살다가 근로자 아파트로 이사하게 되었다. 그때 부모님이 좋아하시던 기억이 난다. 타지에서 남의 집에만 살다가 내 집이 생겼다는 기쁨이 얼마나 컸을까.

아파트로 이사 갈 시점에는 자식 중에 나밖에 없었다. 언니는 중학교를 졸업하고 취업했다. 그때는 고등학교도 시험을 보고 등락이 결정되는 시기였다. 여자 중학교에서 여자 고등학교로 시험을 봤는데 떨어진 것이다. 차선책으로 인문계가 아닌 실업고등학교에 들어가자고 엄마는 권유했지만 아빠는 반대했다. 아빠는 실업고등학교는 멍청한 아이들만 가는 곳이라고 하면서 반대했다. 아빠가 못 배우고 못 사니까 자식들은 잘 살았으면 하는 바람이라는 것을 알고 있다. 하지만 거르지 않고 하는 아빠의 말에 우리 가족은 항상 상처투성이가 되었다. 계속되는 엄마 아빠의 싸움에 언니는 결국 고등학교를 포기하고 취업을 결심했다.

어느 날 학교가 끝나고 집에 와보니 언니가 보이지 않았다. 엄마에게 언니 어디 갔냐고 물으니 공장에 취업해서 서울로 올라갔다고 했다. 참 모를 일이다. 이것이 아빠가 원하는 답이었을까? 그 뒤로도 언니 문제로 부모님은 언성을 높이는 일이 많았다.

학창 시절에 이런저런 이유로 나는 집에 있기 싫었다. 집에 있으면 부모님의 칼날 같은 대화가 내 몸속으로 파고드는 것 같았다. 언제나 숙제를 대충하고 밖으로 나가 놀았다. 집에 있으면 뭔지 모를 불안함에 무기력해졌다. 나는 그 느낌이 싫었다. 항상 활기차고 밝고 싶은데 집에 있으면 우울해지고 짜증이 났다. 차분히 앉아서 뭔가를 한다는 것이 나에게는 훈련이 안 되어 있었다. 항상 몸을 움직여 에너지를 발산해야 개운한 느낌이 들었다. 그런 나에게 책은 어울리지도 않았다.

책과의 만남

치위생사 국가고시에 합격하고 난생처음으로 직장 생활을 하게 되었다. 직장 생활은 아르바이트할 때와는 또 다른 세상이었다. 정글과도 같았다. 나를 보호해주는 보호막이 하나도 없어서 적응이 어려웠다. 아침에 출근해 저녁 퇴근까지 자유는 없었다. 자유시간은 오직 점심시간뿐이었다. 점심시간 외에는 항상 긴장의 연속이었다. 내 마음대로 할 수 있는 게 하나도 없었다. 행동도 조심해야 했고, 말도 조심해야 했고, 눈치도 봐야 했다. 게다가 일을 잘 못하면 혼나기도 했다. 내가 학창 시절에 보던 어른들의 모습과 달랐다. 그냥 편하게 일하면서 바쁘지 않게 시간 채우고 돈을 버는 것 같았는데 내 생각과는 너무나 다른 어른들의 세계였다. 자유가 없었다. 정해진 시간 동안 쉬지 않고 일해야 했다. 월급이라는 족쇄에 얽매여 내 자유를 저당 잡혔다. 바쁠 때는 화장실 가는 것도 어렵고 아파도 쉴 수가 없었다. 내가 쉬게 되면 직장 동료들에게 피해가 갔기 때문이었다. 직장 동료들 사이에서는 말도 조심해야 했다. 누군가 상사에게 말을 옮기는 사람도 있기 때문이었다.

첫 직장은 1년 다니고 그만뒀다. 명목상은 더 많이 배우고 싶어 이직하는 것이었지만 사실 적응이 쉽지 않아 '다른 곳에 가면 더 낫겠지.' 하는 생각에 이직을 결심한 것이었다. 그런데 이직에도 실패하고 백수가 되어버렸다. 그 후 5개월 정도를 쉬면서 계속 놀 수는 없었기에 언니가 사는 안산으로 올라갔다. 안산에서도 우여곡절 끝에 직장을 구했다. 안산에는 아는 사람이 전혀 없었다. 물론 친구들도 없어서 직장이 끝나면 할 게 없었다. 가끔 혼자 시내에 나가 쇼핑도 하고, 여기저기 돌아다니고, 배울 게 있는지 알아보았다. 그런데 혼자하다 보니 재미가 없었다. 무료한 나날을 보냈다.

그러다가 우연히 직장 근처에 있는 도서 대여점에 들어갔다. 책을 읽지 않던 내가 왜 갑자기 도서 대여점에 이끌리듯이 들어갔는지 지금도 모를 일이다. 너무 무료한 생활을 하다 보니 아무것도 안 하는 것보다 만화책이라도 볼까 싶어 들어간 것이었다. 그곳에서 『토정비결』이라는 책을 빌렸다. 별 기대 없이 빌려와 읽었는데 너무 재미있었다. 단숨에 3권을 읽어버렸다. 나는 내가 책을 그렇게 빨리 읽고 재미를 느끼는 것이 신기했다. 그때부터 책의 매력에 빠져들었다. 학창 시절에는 책을 읽어본 적 없는 내가 책의 세계에 입문한 것이다.

책은 나에게 그동안 경험해보지 못한 즐거움과 행복을 주기 시작했다. 오히려 친구들과 만나 수다를 떠는 것보다 혼자 책을 읽을 때가 더 행복했다. 그전에는 왜 책이 재미없게만 느껴졌는지 모를 정도였다. 절망적인 환경 속에서 헤매고 있는 나에게 책은 재미와 희망으로 다가왔다. 나도 처음 책을 읽기 시작할 때는 재미 위주로 읽었다. 친구들과 어울리지 못하는 상황이다 보니 책에서 재미를 느끼고 싶었던 것이다. 그 당시에는 주로 『토정비결』, 『황진이』, 『나니아연대기』, 『삼국지』, 『반지의 제왕』 같은 소설류와 에세이들을 읽었다. 그러다가 우연히 자기계발서인 데일 카네기의 『인간관계론』을 읽게 되었다. 이 책은 나에게 혁명 같은 책이었다.

직장 생활을 하는 나는 직장 부적응자였다. 학교 때와 다르게 직장은 정글 같았다. 서로 시기 질투도 하고 상사에게 더 인정받기 위해 애교도 부리고 빈말도 해야 하고 하기 싫은 것도 웃으면서 해야 하는 곳이었다. 그런데 나는 그런 성격이 못 됐다. 애교도 없고, 빈말도 못하고, 바른 말만 하고, 내가 타당하다고 생각하지 않으면 동의하는 성격도 아니었다. 그러니 직장 생활이 순탄치가 않았다.

대학 동기들은 첫 직장에 들어가 기본 3년은 묵묵히 잘 다니는데 나는 4년 동안 6번 직장을 옮겼다. 나는 직장이라는 제도에 적응하지 못하는 직장 부적응자였던 것이다. 어떻게 사회생활을 해야 한다고 가르쳐주는 사람도 없었고 배울 곳도 없었다. 혼자 터득하기에는 어디서부터 얼마만큼 해야 하는지 몰랐다. 그러다가 『인간관계론』을 읽게 된 순간 나의 문제점과 내가 알지 못했던 인간관계를 알았다. 어차피 해야 하는 직장 생활이라면 나도 변해서 적응해야 했다. 내가 알지 못해 헤매던 부분들을 알아가는 것에 재미를 느꼈다. 책을 통해 알게 된 것을 실생활에 적용해보았다. 책대로 했더니 맞아들어갔다. 이것도 재미있었다. 그때 소설류만 읽던 내가 자기계발서에 눈을 뜨게 되었다. 그리고 나는 자기계발서를 읽으면서 서서히 변해갔다.

02

어떻게 살아갈 것인가?

인생, 어떻게 살아야 해?

20대 후반을 보내면서 '나는 앞으로 어떻게 살아가야 하나?'라는 질문이 화두였다. 가만히 살아온 내 인생을 돌이켜보면 정해진 정규 수업에서 선생님들이 하라는 대로 했고, 그래야만 사회에 나가면 잘 살 수 있을 것이라고 믿었다. 그런데 사회에 나와 직장 생활을 해보니 그게 아니었다. 사회에서 하라는 대로 하면서 계속 살면 나에게 남는 것은 가난과 골병뿐이라는 생각을 하게 되었다. 한두 해 일을 하면서 체력은 점점 떨어졌고 직업병이라는 것도 생겨났다. 힘들게 일해도 월급은 항상 제자리였다. 1년마다 연봉 협상이라는 걸 하더라도 한 달에 10만 원 오르는 꼴이었다. 그런데 나는 그 10만 원을 올려 받기 위해 오늘도 열심히 일해야 했다. 언젠가는 10만 원이 올라가는 것마저 동결이 되는 날이 올 것이 아닌가.

어느 정도의 직장 생활을 하면서 나는 고민이 되기 시작했다. '나 앞으로 어떻게 살아야 돼?' '어떻게 살아야 잘 사는 거야?' '이대로 가면 내 인생은 어떻게 될까?' '나이가 들어도 계속 일은 할 수 있을까?' 이런 생각들이 나를 붙들고 있었다. 앞날을 생각하니 막막했다.

나는 결혼 적령기가 되어 갔지만, 결혼에는 관심이 없었다. 아마도 부모님의 싸우는 모습을 너무 많이 봐서 결혼에 대한 반감도 있었던 것 같다. 그런 말이 있지 않은가. "딸은 엄마 팔자 닮는다고." 나는 싫었다. 돈 없어서 맨날 지지고 볶고 살기 싫었다. 이런 말이 떠오르고 들을 때마다 생각했다. '왜 엄마 팔자 닮아야 해? 엄마는 엄마고, 나는 나지! 안 닮을 수도 있잖아.' 하면서도 혹시나 닮는 것이 두려워서 멀리했을지도 모른다. 20대 후반이 되면서 나만 빼고 친구들은 모두 결혼했다. 그래서인지 나는 내가 앞으로 어떻게 살아가야 하는지가 최대의 고민이었다. 결혼을 앞으로도 하지 않을 경우 나는 내 인생을 스스로 책임져야 하는데 이렇게 월급쟁이로 살 수는 없다는 생각을 했다. 그리고 나는 결정적으로 돈도 많이 벌고 싶었다.

'그럼, 나는 어떡해? 뭘 해서 먹고살아야 하지?'

나에 대해서 찬찬히 생각해보았다. 잘하는 게 하나도 없었다. 능력이 있어서 고액의 연봉을 받는 것도 아니고, 음악이나 미술은 취미가 없고, 영어도 못해서 번역가나 통역사가 될 수도 없고, 손재주가 있는 것도 아니었다. 말을 잘하지도 못했다. 글 쓰는 재주도 없었다. 뭐 하나 잘하는 게 하나도 없었다. 답답했다.

친구들을 만나면 항상 이런 이야기가 오고 갔다.

"앞으로 뭐 해서 먹고 살아야 될까? 어떻게 살아야 앞으로 잘 살았다고 소문이 날까?"

"수미야, 그러지 말고 결혼할 생각은 없냐? 결혼하면 그래도 좀 낫지 않겠어? 생각 있으면 말해. 내가 소개시켜줄게."

"싫어. 결혼 말고, 대체 어떻게 살아야 하냐고? 지금 하는 일은 한계가 있어서 계속하기 힘들 텐데 10년을 넘게 일해도 내가 나가서 써 먹을 수가 없잖아."

"식당에 들어가서 배우면 레시피라도 얻어서 창업이라도 할 수 있을 것 아냐. 나 식당에 취업할까?"

"미쳤다. 그냥 다녀. 몰라."

책 속에 답이 있다

나는 치과에서 일하고 있다. 지금이야 일하는 연령이 높아져 40대에도 일할 수 있지만, 내가 20대에 일할 때는 결혼을 하면 거의 그만두는 실상이었고, 40대까지 일하는 사람이 없었다. 30대 후반도 찾아보기 힘들었다. 수명이 그만큼 짧았다. 그래서 항상 고민이 되었다. 실제 그 당시에는 식당에서 일하는 것도 진지하게 고민해봤다. 나중에 식당이라도 할 수 있지 않을까 해서다. 내 직업으로는 미래의 한계가 보였기 때문이다.

어떻게 살아야 하나가 고민이기도 했지만 인생을 현명하고 지혜롭게도 살고 싶었다. 현명하고 지혜롭게 산다는 무엇일까? 선택의 기로에 섰을 때 현명하고 지혜롭게 판단할 수 있는 방법은 무엇일까?

내가 인생에 대해 고민을 하게 된 이유 중 하나는 책을 읽고 나서부터이다. 나도 예전에는 아무 생각 없이 살았다. 주어진 환경에 주어진 일만 하면서 살면 되는 줄 알았다. 다들 그렇게 사는 줄 알았다. 그렇게 살아야만 되는 줄 알았다. 아무 생각 없이 사회가 하라는 대로 하고 살아야 된다는 피동적인 생각과 말이 내 인생을 지배하고 있었다. 당연하다고 생각했다. 아니 생각하지도 못했다. 학교에서도 시키는 대로 하라고만 한다. 직장에서도 시키는 일이나 잘하라고 한다. 나는, 아니 우리는 이미 사회의 명령에 익숙해져 있었던 것이다.

그런데 책을 읽기 시작하면서 내가 생각이라는 것을 하게 되었다. 그러면서 앞으로의 내 인생에 대해서도 진지하게 생각하게 되었다. '이대로 살면 내 인생은 어떻게 되지? 이대로 내 인생 괜찮은 걸까? 나는 지금보다 더 잘 살고 싶은데 더 잘 살려면 어떻게 살아야 하지? 사람이 살아가면서 지혜와 슬기가 있어야 하는데 어떻게 해야 지혜롭고 슬기로워질까?' 이런 생각이 꼬리를 물기 시작했다.

혼자서 고민을 하다가 답답해서 친구들한테 물어보면 나보고 그냥 살라고 한다. 머리 아프게 뭔 고민을 하냐고. 그런데 이미 늦었다. 나는 이미 고민을 멈출 수가 없었다. 이미 나는 생각하는 삶을 살아가고 있었던 것이다. 주변에는 내가 도움을 청할 만한 사람이 없었다. 물론 친구들이 살아가는 모습을 보면서 배우기도 했지만 나는 지금과는 다른 인생을 살고 싶었다. 얕은 물이 아닌 깊은 물에서 자유로이 헤엄치면서 살고 싶다는 욕구가 강하게 올라왔다.

나는 답을 책에서 찾기로 했다. "책 속에 길이 있다."라는 말이 있다. 그럼 나의 고민을 책이 해결해줄 것이라는 생각이 들었다. 더 치열하게 책을 읽었다. 탈무드를 비롯해서 중국 고전을 읽었고 자기계발서를 읽었다. 책 속에는 아무것도 보잘 것 없는 사람이 세계 곳곳을 돌아다니며 희망을 주는 동기부여가가 된 경우도 있고 훌륭한 리더가 되는 법도 나와 있었다. 그에 따르는 보수로 억만장자, 백만장자가 된 사람들이 수두룩했다. 엄청났다. 그런 책을 읽을 때마다 가슴이 두근거렸다. 나도 할 수 있을 것 같았다. 책은 너도 할 수 있다고 말해주고 있었다. 책들을 읽으면서 번뜩 스치는 생각이 있었다. '나도 사람들에게 희망을 주는 사람이 되면 좋겠다. 지금 비록 힘들지라도 잘 이겨낼 수 있다고, 나도 힘들었지만 잘 이겨냈다고, 그러니 당신은 더 잘해낼 수 있다고 말해주는 사람이 되었으면 좋겠다.'라는 생각이 들었다. 생각하면 할수록 가슴이 뛰었다. 그러기 위해선 내가 더 역량을 키워야 했다. 내 인생의 방향을 설정하고 나니 너무 신나고 좋았다. 이렇게 나는 책을 통해 인생의 방향을 설정해가고 있었다.

여러분도 인생의 앞날이 보이지 않아 캄캄한가? 그렇다면 나는 여러분에게 책을 읽어보라고 당당히 말하고 싶다. 내가 인생에 대해 고민할 때 책을 읽으면서 성장했고 지금도 성장해가고 있다. 책은 이미 이 세상을 살다간, 지금 살고 있는 사람들의 지혜가 들어 있는 보물 창고이다. 우리는 이 보물 창고를 너무나 쉽게 접하고 삶에 적용할 수 있다. 책은 분명 당신에게 힌트를 줄 것이다. 그 힌트를 가진 책이 지금 당신을 기다리고 있다.

03

도대체 왜 나만 힘든가?

낭떠러지로 떨어진 우리 집

우리 집은 가난했다. 그래서 엄마는 항상 일을 다니셨다. 참 부지런한 분이시다. 아침부터 늦은 밤까지 식당일을 다니셨고 식당이 한가한 시간이면 집에 오셔서 집안일들을 하고 가셨다. 아무나 할 수 있는 일이 아니라고 생각한다.

고등학생 때의 일이다. 그날도 엄마는 일을 가셨다가 집에 잠깐 오셔서 집안일을 하셨다. 나는 엄마와 잠깐이라도 같이 있는 게 좋아서 옆에서 조잘조잘 이야기를 했다. 대화는 일방적이었다. 짧은 시간에 집안일을 끝내고 다시 일을 가야 해서 엄마는 정신없이 일하셨다. 그렇게 바쁜 엄마 곁에서 계속 이야기하는 나를 엄마는 야단치셨다.

"시끄러워. 정신없으니까 이야기 좀 그만해."

"정신 사나워 죽겠네. 너는 옆집 진영이보다 뭔 할 이야기가 그리 많으냐."

"시끄럽게 하지 말고 할 일 없으면 TV나 봐."

진영이는 옆집 5살짜리 꼬마 아이다. 나는 엄마가 지금 같이 있는 것이 좋아 이야기하고 싶었지만 엄마의 삶 속에는 차분히 대화하거나 마음의 여유를 가지고 산다는 것이 없었다. 엄마의 삶이 자갈밭 같았던 것이다. 그만큼 힘들어 겨우 지탱하고 있는 삶이었다.

우리 집은 언제나 힘들었다. 벌어도 벌어도 나아지지 않는 살림이었다. 부모님의 계속되는 싸움에 지쳐갔다. 언니는 고등학교를 포기하고 멀쩡한 아들이 군대까지 잘 갔다 와서 사회생활을 시작했는데 2년 뒤에 몸이 아파서 돌아왔다. 그 아픔을 감싸 안아주지 못할 정도로 부모님도 지쳐 있었다. 이제 자식들이 다 커서 제 몫을 하고 살겠지 싶었는데 그마저도 허락해주지 않는 삶이었다. 그리고 몇 년 뒤 부모님은 한계에 부딪히셨다. 결국 따로 사는 방법을 택했다. 나는 우리 집이 싸우고 잘 화합이 되지 않긴 했지만 도대체 전생에 무슨 죄가그렇게 많아서 다른 사람들이 겪지 않아도 될 일을 우리만 겪고 사는지 알 수가 없었다. 나는 한없이 속상했다. 나는 친구들에게도 내 고민이나 우리 집 사정을 말하지 않았다. 사정이야 조금씩 알고 있었겠지만 내 입으로 집안 이야기를 하는 것은 자존심이 상했다. 옆에서 지켜보는 친구들 집은 절대 우리 집 같지 않았기 때문이다. 어느 누구도.

22살 때쯤에 부모님이 따로 살게 되면서 나는 아빠와 함께 지내야 했다. 그런데 그 생활이 나에겐 곤혹스러웠다. 출근이야 아빠가 아침 일찍 하니 만날 수 없지만 저녁에 퇴근하고 집에 가면 아빠의 한숨 소리와 혼자 중얼거리는 소리가 나를 미치게 만들었다. 점점 그게 싫어서 아빠와 부딪치는 상황을 피했다. 나도 피하고 친구들 집에서 자는 날이 많아졌다. 어떨 때는 친구들에게 우리 집에 와서 자라고 말하기도 했다. 아빠와 둘이 지내는 건 나에게 고문과도 같았다. 나는 왜 우리 집이 이렇게 무너져가는지, 친구들 집들은 다들 화목하게 잘 사는데 무엇이 문제인지 너무 속상했다.

사람마다 타고난 사주팔자가 있다는데 우리 가족은 팔자가 안 좋은가 하는 생각에 점도 많이 보러 다녔다. 답답한 마음에 찾아가긴 했지만 갔다 오면 더 답답했다. 그렇게 살 팔자라는 것이다. 그렇게 살 팔자라니 암담한 현실이었다.

나는 직장 부적응자?

전문대를 졸업하고 직장 생활을 시작했다. 동기들은 졸업 전후로 바로 취업이 되었는데 나는 두 달이 넘게 취업을 못 하고 있었다. 대부분 직군 특성상 실습 나갔던 곳에 취업이 되는 게 일반적인데 나는 실습과 아르바이트를 했어도 취업으로 이어지진 않았다.

동기들이 한두 명 취업이 되면서 나는 조금씩 불안해졌다. 어느 날 학과 교수님께 전화가 왔다. ○○○교수님 남편이 하는 병원인데 면접을 보라고 하셨다. 나는 부담이 되었지만 면접을 봤다. 다행인지 불행인지 알 수 없었지만 그곳에 취업이 되었다. 몇 달 정도 직장을 다니다 보니 아르바이트 때와는 또 다른 게 직장 생활이었다. 나는 답답함을 느꼈다. 매일매일 정해진 출퇴근을 해야 하고 정해진 근무시간에 정해진 장소에만 있어야 했다. 쉬고 싶어도 쉴 시간이나 공간이 없었다. 특히나 시간을 자유롭게 쓰지 못하면서 한정된 공간에 틀어박혀 있어야 하는 것이 싫었다.

첫 직장의 생활환경은 답답했다. 건물에 창이 있었지만 밖을 볼 수는 없었다. 건물 안으로 들어오면 밖의 상황을 알 수 없었다. 밖의 날씨가 궁금하거나 바람을 쐬고 싶으면 스태프실에 있는 조그마한 창문으로 만족을 해야 했다. 그 조그마한 창문을 통해 들어오는 햇볕이나 바람이 답답함을 느끼는 나에게 조금의 위안과 위로를 주었다. 가끔 원장님 심부름으로 밖에 나가면 다시 들어가기 싫어 시간을 최대한 지체해가면서 일을 보고 들어갔다. 직장 생활은 그랬다. 한정된 공간에 갇혀서 내가 누리고 싶은 최소한의 자유도 누리지 못하는 삶이었다. 나는 그 생활에 적응을 못 했다.

나는 유독 성격이 강한 편이다. 융통성도 없는 편이다. 빈말도 못 하는 성격에 애교도 없고 무뚝뚝하기까지 하다. 아부도 못 한다. 그래도 내성적이고 온순해서 마음이 약하기도 하다. 학교 다닐 때는 내가 이런 성격을 가졌어도 큰 지장이 없었다. 그저 공부만 열심히 해서 성적으로 평가받는 게 더 컸기 때문일 수도 있다. 물론 교우 관계도 있었지만 내가 친구들에게 피해를 주거나 모나게 행동하지는 않았다. 나름 밝고 긍정적이라 교우 관계는 좋았다.

문제는 직장 생활을 하는데 내 성격이 그리 환영을 받는 성격이 아니라는 것이었다. 직장은 싫든 좋든 정해진 공간에서 정해진 사람들과 지내야 하는 곳이다. 나 자신을 드러내지 않고 상대방의 기분도 맞춰줄 수 있어야 했다. 하지만 나는 그러질 못했다. 그러면서 이리 깨지고 저리 깨졌다. 상사들의 말에 "네, 네." 해야 하고, 하고 싶은 말도 못 하고, 말하고 싶지 않을 때도 대화를 해야 했다. 월급이라는 제도에 얽매여 내 자유를 저당 잡혀야 했다. 무엇보다 사람들과의 관계가 제일 힘들었다.

내 성격이 강하기도 했지만 어떻게 직장 생활을 해야 하는지 알 수 없었다. 알려주는 사람도 없고 가르쳐주는 곳도 없었다. 스스로 부딪히고 깨지면서 터득해야만 했다. 그 과정에서 나는 지쳐만 갔다. 차츰 나는 직장 부적응자가 되어가고 있었다.

친구들과 동기들을 보면 모두 잘 적응해서 회사를 다니는 것 같았다. 답답한 마음에 친구들에게 이야기했다.

"다 그러면서 다니는 것 아냐?"

"다 똑같이 힘들지. 그냥 참고 다니는 거지."

"다른 데 가도 똑같지 않을까?"

"수미야, 직장 생활이 다 그렇지. 별것 있겠냐."

나는 수긍하지 못했다. 그럴 때마다 이런 말을 했다.

"왜 참고 다녀야 하는데?"

"싫은 일을 하면서 사람들과 부대끼면서 이러고 평생 살라고?"

"너무 가혹하지 않냐?"

나는 자유롭고 일하는 보람도 느끼면서 내가 진정 살아 숨 쉬고 있다는 것을 느끼면서 일하고 싶었다. 그런데 주위의 반응을 들을 때마다 '내가 이상한가? 왜 나만 적응을 못 하지? 친구들은 잘 적응하면서 다니는데 나는 뭐가 문제지?'라는 생각이 들었다.

이런 고민들이 계속되어서 그런가? 나는 첫 직장에서 적응하지 못하고 1년 만에 그만두었다. 그리고 3년 동안 4군데를 더 돌아다녔다. 더 나은 곳을 찾아다녔던 것이다. 하지만 더 나은 곳은 없었다. 내가 나아지는 수밖에 없었다.

04

독서가 이렇게 좋은 것이었나?

직장 부적응자를 탈출시켜준 책

사람들이 책을 읽는 이유가 뭐라고 생각하는가? 사람마다 이유가 다양할 것이다. 누군가는 지식을 얻기 위해, 누군가는 교양을 쌓기 위해, 누군가는 지혜를 얻고 싶어서, 또 다른 누군가는 책 읽는 것 자체가 좋아서, 나의 길을 찾기 위해서 읽을 것이다. 그 이유는 이렇듯 다양하다.

나도 처음 책을 읽게 된 계기는 특별하지 않다. 그냥 시간이 남아돌아서였다. 첫 직장을 1년 다니다가 그만뒀다. 이직을 하는 데 실패해 공백기가 몇 개월이 생겼다. 안 되겠다 싶어 언니가 있는 안산으로 올라와 안산에서 직장을 구해 다니게 되었다. 안산에는 아는 사람이 아무도 없었다. 지루

한 나날을 보내고 있던 차에 직장 옆에 있는 도서 대여점에 우연히 들어갔다. 처음에는 만화책이라도 빌려봐야겠다는 마음으로 들어갔는데 만화책 외 다른 책들도 많이 있었다. 그곳에서 토정 이지함에 대해 쓴 『토정비결』이라는 책을 빌려왔다. 3권짜리였는데 다 못 읽을 것 같아 한 권만 빌려왔다. 며칠 걸릴 줄 알았는데 이틀 만에 한 권을 다 읽어버렸다. 책이 너무나 재미있었다. 내가 책 한 권을 이틀 만에 읽은 것이다. 스스로 신기했다. 너무 재미있어서 2권을 다 빌려와 단숨에 읽어버렸다. 이것이 내가 책의 재미에 빠진 계기가 되었다.

학창 시절에는 종이와 글자가 따로 노는 경험을 했다. 하얀 건 종이요, 까만 건 글자인데 글이 눈으로 들어와 머리에서 이해가 되어야 하는데 눈에서 반사가 되는 느낌이었다. 한마디로 이해가 안 되고 재미도 없었다. 그런데 그때부터는 책을 읽으면 바로바로 머리로 들어가는 것 같았다. 어떨 때는 눈보다 머리에 먼저 흡수되는 느낌을 받았다. 처음에는 주로 소설류를 많이 읽었고 가끔 가다 에세이도 읽었다. 시간 때우기에는 책만 한 것이 없었다. 시간 때우기도 좋았지만 책을 읽는다는 보람도 있었다.

나는 직장 부적응자로 4년 차 직장인 치고는 꽤 많은 직장을 옮겨 다녔다. 안산에서도 1년 정도 다니다가 다시 시골로 내려왔다. 그러고도 2번의 이직이 있었다. 시골이다 보니 여러 곳을 옮겼을 때 소문이 나서 다들

꺼리는 기피 대상이 되는 것이다. 더 이상 갈 곳은 없었다. 25살에 들어 간 곳이 마지막이라는 생각으로 다녀야 했다. 그런데 역시나 적응하기는 힘들었다. 나는 또 시험에 빠져들었다. '이곳에서도 적응 못 하면 안 되는데… 그만둘까?' 나는 여러 곳을 옮겨 다니면서 어쩌면 쉽게 포기하는 것에 익숙해졌던 것 같았다. 그래서 생각했다.

'여기서 더 이상 갈 곳은 없어. 힘들더라도 버텨보자. 잘 이겨내서 박수를 보낼 때 떠나는 거야. 남들도 다 하는데 나라고 못 하겠어.'

내 생각이 변해서 그런 걸까? 그동안 소설류와 에세이만 봤는데 우연히 자기계발서를 읽게 되었다. 완전 신세계를 만난 느낌이었다. 메마른 땅에 오아시스를 발견한 것 같았다. 내가 그동안 정글 같은 직장 생활을 하면서 힘들었던 부분을 해결해주는 책들이었다. 그중에서도 데일 카네기의 『인간관계론』은 내 인생의 첫 번째 책이다.

책을 읽으면서 나는 인간관계에도 방법이 있다는 것을 알았다. 내가 그동안 모난 돌이 정 맞듯이 왜 정을 맞았는지 알 것 같았다. 책을 읽으면서 와닿는 부분은 밑줄을 쫙쫙! 그으면서 읽었다. 책의 여백에는 내가 실천해야 하는 것들이나 복기 개념으로 쓰기도 했다. 실생활에 적용도 해봤다. 그러면서 조금씩 좋아졌다. 상대방의 말에 경청하고, 존중해주고, 배려해주면서 칭찬도 했다. 상대방의 이야기에 맞장구도 쳐주면서 내가 잘못 한 것은 인정해야 한다는 것도 배웠다. 책을 읽으면서 나를 돌아보게 되었다.

왜 내 직장 생활이 친구들이나 동기들보다 힘들었는지 알 수 있게 되었다. 나는 고집이 세고, 상대방을 이해하거나 배려하는 것보다 내 생각을 강요했다. 나와 다르다며 불만을 토로했다. 칭찬보다는 질투가 많았다. 위로보다는 누구나 그 정도 어려움은 있다고 말해주었다. 그때는 내가 제일 힘든 것 같았다. 내 잘못을 인정하지 못하고 너도 잘못했다고 우겼다. 인내심도 부족해서 마음에 들지 않고 힘들다며 직장도 금방 그만두었다. 그랬다. 나는 나를 제대로 알지 못했다. 자기계발서들을 읽으면서 나를 알아가게 되었다. 읽으면서 나의 단점들을 하나하나 고쳐가기 시작했다. 나도 직장에서 살아남아야 하니 나를 다듬어야 했다.

책에 미치다

책도 책을 끌어당기는 것일까? 처음 접하는 자기계발서를 마구잡이로 읽기 시작하면서 그에 관련된 책들이 눈에 들어오기 시작했다. 인터넷 교보문고에서 10~15일에 한 번씩은 책을 6권 이상 주문했다. 책값이 만만치 않게 들었지만 그 돈이 하나도 아깝지 않았다. 도서관에서 빌려 읽을 수도 있지만, 그러고 싶지 않았다. 내가 원할 때 언제든지 다시 읽고 싶었다. 내가 필요한 부분은 밑줄도 긋고 여백에 메모도 하고 싶었다. 내가 읽은 날짜도 적고 싶었다. 그래야 '내가 이때는 이런 고민 때문에 이 책을 읽었구나.' 또는 '이 부분이 내 가슴에 와닿았구나.' 하고 알 수 있기 때문이었다. 온전한 나만의 책을 만들고 싶었다. 책을 읽으면서 나는 바로바로 적용했다. 적용하면서 예전과 다르게 상황들이 부드럽게 진행이 되어가는 모습에 신이 나고 재미가 있었다. 직장에서도 인정을 받았다. 인정받으면서 일을 하니 일도 재미있었다. 일에 대한 자부심과 보람도 느꼈다. 답답함이 아닌 재미와 보람을 느끼면서 일하는 것이 처음이었다. 내가 대견하다는 생각이 들었다.

책을 읽으면서 나는 성장해갔고, 그 성장으로 주변의 상황도 좋게 열렸다. 한번은 환자분 중 한 분이 나보고 결혼했는지 물으면서 자기 아들을 소개해주고 싶다고 말한 적이 있다. 원장님 어머니도 이웃집 아들이 있는데 소개해주신다고 했다. 두 자리 다 부담스러워서 정중히 거절했다.

예전에 나는 무뚝뚝하고 말도 쏘아붙이는 성격이라서 사람들이 나를 부담스러워하는 부분도 있었다. 그러다 보니 어떨 때는 기피의 대상 같은 느낌이 들었다. 그랬던 내가 책을 읽으면서 변해갔다. 어른들에게도 인정받기 시작했다.

또 한번은 원장님의 출산 휴가로 인해 3개월가량 원장님 후배가 페이닥터로 오게 되었다. 나는 원장님이 안 계시는 동안 책임감을 가지고 내 병원이라는 생각으로 더 열심히 일했다. 그게 페이닥터 선생님도 좋아 보이셨는지 내가 다니던 병원을 그만둘 시점에서는 본인 와이프가 하는 병원에 와서 일해줬으면 좋겠다는 제안을 하셨다. 거기뿐만이 아니었다. 원장님과 친하게 지내는 병원 원장님들이 본인들 병원에 스카우트하고 싶다고 말했다고 원장님이 말씀해주셨다. 그때 나는 서울로 옮겨 더 큰 세상을 겪어보고 싶어서 정중히 거절했다. 내가 책을 읽지 않았다면 이런 일은 일어나지 않았을 것이라고 장담한다. 책이 나를 변화시키고 있었다. 책으로 인해 나에게 좋은 일이 일어나기 시작했다.

나는 독서의 세계에 빠지면서 이전에는 한 번도 느껴보지 못한 신기하고 오묘한 기쁨과 즐거움을 알게 되었다. 나는 점점 책의 매력에 빠져들고 있었다. 책을 읽으면서 세상을 살아가는 법에 대해 알게 되는 느낌이 들었다. 내가 지혜로워지고 있다는 것이 온몸으로 느껴졌다. 책에 한 번 빠지면 헤어나올 수 없었다. 그렇게 유익할 수가 없었다. 나는 아침부터 저녁까지, 아니 죽을 때까지 책만 읽고 살았으면 좋겠다고 생각했다. 책이 많은 서재도 있었으면 했다. 책을 읽으면 읽을수록 더 많은 책을 읽고 싶은 욕구가 강해졌다. 정말 그랬다. 내가 필요한 시점에 필요한 책들이 내게로 왔고 나는 책 속에서 그 답을 찾고 있었다.

책이 시키는 대로 따라간
성공자들의 이야기 ①

나폴레옹 보나파르트

"내 사전에 불가능은 없다!"

어린 시절 그는 친구라고는 한 명도 없는 외톨이였다. 지금으로 말하면 '왕따'인 셈이다. 고독하고 외로운 시기를 보내던 나폴레옹은 헛간에 파묻혀 책에 미칠 수 있었다. 그때 그는 엄청난 책을 읽었고, 결과적으로 우리가 아는 나폴레옹이 탄생하게 된 것이다.

"근무 외에는 독서다. 속옷은 1주일에 한 번만 갈아입으면 된다. 요즘은 밤잠을 아껴 책을 읽고 있다. 식사도 하루 한 끼로 버티고 있다. 어머님의 말씀대로 고독의 벗은 독서뿐이다."

이것이 나폴레옹의 성공 요인이다. 그는 용모와 옷차림은 볼품없고 키는 작고 여윈 볼 때문에 첫인상도 좋지 않았다. 귀족의 자제들은 그를 '촌뜨기, 땅딸보, 가난뱅이'라고 놀려댔고 놀아주지 않았다. 그의 시련은 책을 읽는 환경으로 이끌었다. 그의 어머니 말처럼 외로움의 가장 좋은 친구는 독서였고, 이것이 전화위복이 되었다.

그는 전쟁, 법률, 경제, 문학, 성경, 코란, 역사, 지리, 여행기, 미술, 과학 등 관심이 미치는 분야는 모두 읽었다. 그가 자신의 독서량은 자신이 점령한 유럽의 대륙보다 넓다고 할 정도였다. 많은 지식을 바탕으로 치밀한 논리를 펼쳤기에 토론이나 전략, 전술을 짤 때도 다른 사람들에게 지는 일이 없었다.

나폴레옹은 전속 사서와 별동대를 따로 두어 신간 서적을 전쟁터까지 가져갈 정도로 책에 애착이 많았다. 그리고 4주 동안 이집트 원정을 떠날 때에는 1,000여 권의 책을 싣고 떠났다고 한다. 그가 평생 읽은 책은 약 8,000여 권 정도라고 한다.

우리가 나폴레옹을 영웅이라고 하는 것은 그가 많은 전쟁에서 이겨 유럽을 정복한 사람이기 때문만이 아니다. 보통 사람들이 하지 못하는 도전과 용기를 보여줬고, 그것을 성공으로 이끈 의지와 지혜가 있었기 때문이다. 그가 자신의 인생에 큰 획을 긋고, 세계사에서 빠질 수 없는 한 페이지를 장식할 만큼 거인으로 성장할 수 있었던 가장 큰 비결은 바로 '독서'였다. 이렇듯 독서는 외톨이도 시대의 영웅으로 만들 수 있는 힘이 있다. 누구라도 독서를 통해 자신을 위대한 존재로 성장시킬 수 있다.

05

어느 날 내게 다가온 책의 속삭임

독서가 재밌다고?

『아무도 가르쳐주지 않는 부의 비밀』의 저자 오리슨 S. 마든이라는 인물이 있다. 이 책 프롤로그에는 이런 글이 나와 있다.

마든은 1850년에 뉴햄프셔 주 시골에서 태어나 3살 때 어머니를, 7살 때 아버지를 잃었다. 그 뒤로 10년 동안 뉴햄프셔 농장을 전전하며 닥치는 대로 잡일을 했다. 온종일 손에서 피가 나도록 돌을 옮기고 밤에는 손톱이 빠질 때까지 설거지와 청소를 해야 했다. 채찍질을 당하거나 두들겨 맞는 것이 다반사로 제대로 먹지도 못한 채 고된 노동에 시달려야 했다.

이렇게 10대를 벽촌에서 지내며 신문이나 잡지를 읽은 적도 없었다. 50

명 이상 사람이 모인 것도 본 적이 없고, 도서관이라는 존재조차 몰랐고, 도시가 어떤 곳인지도 몰랐다. 하지만 그는 독서를 각별히 사랑했다.

어느 날 한 농가의 다락방에서 발견한 한 권의 책이 그의 인생을 바꾸는 계기가 됐다. 그것은 사뮤엘 스마일즈의 『자조론』이었다. 1859년 영국에서 출판된 이 책은 비참한 환경 속에서도 강인한 인내심과 긍정적 사고만 있다면 모든 사람이 불행을 뛰어넘어 목표를 달성할 수 있다는 내용의 일화를 소개하고 있었다.

오리슨 스웨이트 마든(1850~1924)은 〈석세스〉지의 창간자이며 미국의 근대 성공철학의 선구자이다. 그의 성공철학은 나폴레온 힐, 클레멘트 스톤, 데일 카네기, 노먼 빈센트 필, 스티븐 코비, 브라이언 트레이시, 론다 번 등 국내에서도 잘 알려진 베스트셀러 작가들로 이어졌다.

불우한 어린 환경을 보낸 마든이 어느 날 만나게 된 책 『자조론』은 그의 인생을 바꾸는 계기가 되었다. 나도 그랬다. 나에게도 어느 날 갑자기 책이 다가왔다.

나는 학창 시절에는 책을 읽지 않았다. 나에게 책은 교과서가 전부였다. 책을 왜 읽어야 하는지도 몰랐다. 독서는 그냥 취미 중의 하나라고 생각했었다. 내 취미는 독서가 아니었다. 우리 가족 중에도 책을 읽는 사람은 없었다. 책 대신 집에는 항상 TV가 켜져 있었다. 우리 집에는 책이 없었다.

그러니 당연히 책 읽어야 한다는 생각을 못 하고 살았다.

고등학교 2학년 때쯤이었다. 반 친구 B는 유독 책을 많이 읽는 아이였다. 학창 시절에 읽을 법한 문학 도서들을 항상 옆에 끼고 살았다. 그런 B에게 내가 물었다.

"책이 재밌어?"

"응. 얼마나 재밌다고. 너도 읽어볼래?"

그러면서 책까지 추천해줬다. 그때 추천받은 책이 『위대한 개츠비』였던 것 같다. 친구가 추천해준 것이니까 읽어볼 요량으로 받아 들었다. '그래? 재밌다고? 그럼 나도 한번 읽어볼까?' 하는 생각에 책을 읽었다.

아… 그런데 정말이지 너무 어려웠다. 무슨 내용이고 줄거리인지 머릿속에 하나도 들어오지 않았다. 한글인데도 나는 책 내용을 이해하지 못했다. 결국에는 절반도 못 읽고 재미없다며 친구 B에게 책을 돌려줬다. 그 후로 나는 책과 담을 쌓고 살았다.

'다 때가 있다'는 말이 맞다

이렇게 책을 읽지 않던 나도 23살쯤에 책이란 걸 읽기 시작했다. 안산에서 지내게 되면서 아는 사람이 아무도 없어서 지루해하던 차에 우연히 직장 옆에 있는 도서 대여점에 들르게 되었다. 그곳에서 만화책이라도 빌려 봐야겠다는 생각에 들어가 본 것이다. 이 책 저 책을 보다가 『토정비결』을 발견했고 재미있게 읽었다.

이것이 내가 책을 처음 접하게 된 계기다. 물론 대학생 때 가끔, 아주 가끔씩 책을 읽어본 적은 있다. 그때는 그것이 계속 이어지진 않았다. 그런데 이번에는 내가 계속 도서 대여점에 가서 책을 빌려 읽게 된 것이다. 책이 재미있다는 사실을 처음 알았다. 학창 시절 친구 B가 말한 책이 재미있다는 말을 알게 되었다. 책을 빌릴 때는 제목을 보고 내용을 잠깐 살펴보고 내가 흥미가 있는 책 위주로 읽기 시작했다. 그래서인지 수동적인 독서가 아니라 능동적인 독서를 하게 되었다. 흥미를 느끼다 보니 책 읽는 것도 중독이 되어갔다. 그 시절에는 책 읽는 게 유일한 낙이었다. 그게 나에게는 축복의 시작이었다. 이때를 계기로 나는 독서의 세계에 빠져들었다.

책을 읽으면서 알게 되었다. 정말 책 속의 삶은 다양하다는 것이다. 책 속에는 저자의 인생이 담겨 있었다. 나는 그들의 인생을 다양하게 간접 경험할 수 있었다. 한 사람이 경험할 수 있는 시간은 한정되어 있다. 각자가 다른 인생을 산다. A라는 사람의 인생이 좋아 보여서 경험하고 싶다고 해서 그 사람의 인생을 살아볼 수 있는 게 아니다. 그런데 유일한 방법이 있다. 바로 책을 통해 경험하는 것이다. 책을 읽으면 내가 저자의 삶을 살아보고 지혜도 얻을 수 있었다. 재미도 얻고, 유익하고, 간접 경험으로 지혜도 얻을 수 있으니 이보다 좋은 방법이 있을까?

나도 책을 처음에는 읽기 편한 책부터 읽었다. 주로 소설류로 재미 위주로 읽었다. 책을 처음 읽다 보니 어떻게 책을 골라야 하는지도 몰랐고, 어떤 책들이 있는지도 몰랐다. 우선 제목에 끌리는 책부터 골라 읽었다. 제목에 따라 읽다 보면 생각보다 재미있는 책이 있는가 하면, 어떤 책은 재미없었다. 그러면서 책 내용도 살펴보게 되었다. 제목을 보고 내용을 살펴보고 고르게 되니 그나마 나에게 맞는 책을 선택할 수 있었다. 그러면서 나는 또 배우게 되었다.

'다 때가 있다'는 말이 있다. 주위에서 아무리 '좋다, 좋다'고 말해도 내가 감흥을 느끼지 못하면 '무용지물'이듯이, 때가 되었을 때는 주위에서 말하지 않아도 내가 좋아서 하게 된다. 아니 말려도 하게 된다. 나에게는 독서가 그랬다. 그동안 읽지 않았던 책이 갑작스럽게 나에게 다가왔고 나는 읽기 시작했다.

책을 읽으면서 나는 차츰 변해갔다. 부정적인 말과 생각들이 긍정적으로 바뀌었고, 바닥이었던 자존감이 서서히 생겨났다. 책은 '나는 할 수 없어. 이대로 현실에 만족하고 살아야 돼. 이게 현실이야.'라는 생각에 지배되던 나에게 '너도 할 수 있어. 더 멋지고 성공한 삶을 살아도 돼. 그 삶이 너를 기다리고 있어.'라고 말해주면서 용기를 북돋아주었다. 안 되면 금방 포기하는 나에게 포기하지 말고 앞으로 전진하는 힘을 주었다. 인내심도 심어주었다. 책을 읽기 시작하면서 나는 세상을 살아가는 방법들을 알고 터득해가고 있었다. '이렇게 좋은 책을 내가 조금만 더 일찍 읽었다면 좋았을 텐데.'라는 생각도 들었다. 하지만 평생 책을 읽지 않을 수도 있었을 텐데 지금이라도 책을 읽는 것이 참 다행이었다.

앞에서 말한 마든은 가난과 힘든 역경을 딛고 성공을 거둔 당대 최고의, '기업가 정신'의 전사였다. 그가 쓴 책의 중심 테마는 '옵티미즘(낙관주의)'이다. 항상 긍정적이고 낙관적인 태도를 강조하며, 행동이나 노력보다 바른 생각이 더 중요하다고 이야기했다. 나도 책을 읽으면서 힘든 상황들을 이겨내는 힘이 생겼고, 부정적인 사고방식이 긍정적인 사고방식으로 바뀌게 되었다. 이것이 책이 주는 힘이다.

인생은 때가 있고, 그때를 만났을 때는 받아들여야 한다. 그때가 바로 내가 더 좋은 방향으로 나아갈 수 있는 인생의 전환점인 것이다. 나는 어느 날 책이 나에게로 왔을 때 받아들였다. 그리고 내가 성장할 수 있는 방향으로 나아가고 있다. 만약 책이 당신에게 '똑똑' 하고 문을 두드린다면 그때 마음의 문을 열고 받아들이기 바란다. 그로 인해 당신의 밝게 빛나는 미래를 만나게 될 것이다.

06

삶이 힘들수록 더욱더 책을 읽어라

도대체 어떻게 살아야 해?

나이가 들면서 서서히 고민하는 게 있었다. '삶을 어떻게 살아가야 하는가?' 학창 시절에는 어떻게 살아야 되는지 궁금하지 않았다. 고민할 필요도 없었다. 그냥 물 흐르듯이 인생이 흘러가는 줄 알았다. 학교에서는 하라는 대로 하고 살면 되었다. 그게 끝이었다.

어렸을 때 자주 들었던 말은 "그래도 학교 다닐 때가 좋은 때다."라는 말이었다. 그때는 그 말이 무슨 뜻인지 몰랐다. '공부하기 힘들어 죽겠는데 공부 안 하고 돈 버는 게 더 좋지.'라는 생각을 했다. 어른들은 구애받지 않고 자기 마음대로 사는 것 같았다. 그게 부러웠다. 그런데 옛말 틀린 게 하나 없다. 학교를 졸업하고 사회생활을 하면서 어른들의 말씀이 맞다는 말을 실감했다. 학교 다닐 때는 딱 공부만 신경 쓰면 되지만 사회에서는 시키는 대로만 해서는 안 된다는 것이었다. 스스로 앞뒤, 좌우를 생각하면서 일을 해야 했다. 나로 인해 직장 동료들에게 피해가 가게 해서도 안 됐다. 이야기를 할 때도 친구처럼 허물없이 이야기를 하다 보면 그것이 안 좋은 쪽으로 갈 수도 있다는 것을 경험하면서 알게 되었다.

정글 같은 사회생활에는 지혜가 필요했다. 이제 사회생활을 시작하는 초년생이 지혜가 있을 리 만무했다. 나는 모난 돌이 정 맞듯이 이리 깨지고, 저리 깨졌다. 마음과 영혼이 상처투성이가 되어갔다. 도저히 이대로는 안 되겠다 싶었다. 뭔가 방법이 필요했다.

나는 지혜롭고 슬기롭게 살고 싶었다. 우리 부모님은 힘든 삶을 사셨다. 워낙 없는 집에서 살다 보니 가장 급선무는 먹고사는 문제였다. 매일 들어가는 생활비, 월세, 자식들의 교육비 등등. 어째서 버는 돈보다 나가는 돈이 그리도 많았을까? 매일매일 뼈 빠지게 일을 했는데도 집에는 돈이 없었다. 힘들게 일하지만 모이는 돈이 없으니 부모님 마음이 힘든 것은 이해하지만 부모님은 그로 인해 언제나 싸우셨다. 모든 대화와 상황이 싸움거리가 되었다. 그렇게 마음의 여유가 없었다. 그래서 우리 가족은 모이면 자연스럽게 입을 다문다. 가족이 모이면 모일수록 대화가 없어진다. 정확히 말하면 아빠와 있으면 아무 말 없이 TV만 보는 것이다. 엄마가 늘 하시던 말씀이 생각난다.

"네 아빠랑 앉아서 5분만 얘기하면 싸워. 말을 하지 말아야지."

그런 말들이 어릴 때는 이해가 가지 않았다. 어린 마음이었지만 서로 조금만 이해하면 되지 않을까 싶었지만 그 조금의 이해도 힘든 상황이었던 것이다. 가끔은 부모님이 싸우고 난 후 나도 속이 상해 한마디한다.

"엄마, 엄마가 좀 참지. 똑같이 화내면 어떡해."
"시끄러워! 속 시끄러우니까 그런 말 하려면 저리 가."
"말은 잘한다. 너나 잘해."
"아빠, 아빠가 그런 말 하면 안 되지. 누가 그런 소리 듣고 좋아해."
"그래, 네 말이 맞다. 허허."

하지만, 부모님의 사이는 나아지지 않았다. 언제나 그 자리였다. 항상 물고 뜯고 할퀴면서 상처를 내면서 그렇게 살고 있었다. 나는 싫었다. 그런 상황을 벗어나고 싶었다. 그때 내가 선택한 방법은 최대한 집에 머물지 않는 것이었다. 집에 있는 시간을 최대한 줄이는 게 내가 할 수 있는 방법이었다.

나는 친구들 집에 자주 놀러 다녔다. 어떨 때는 아침에 갔다가 저녁 먹을 때쯤 집에 들어왔다. 친구들 집에 다니면서 친구 부모님을 자주 보았는데, 누구 하나 우리 부모님처럼 싸우지 않았다. 신기하고 궁금해서 친구들한테 물어봤다.

"너네 부모님은 안 싸우셔?"
"싸울 때도 있지."

인생을 살아가는 방법을 책을 통해 알아가다

친구랑 이야기를 하다 보니 아빠가 장날에 엄마 선물이라고 신발을 사다줬다고 한다. 나는 속으로 놀랐다. '뭐라고? 아빠가 선물로 엄마 신발을 사왔다고!' 있을 수 없는 일이었다. 우리 집에서는 선물이라는 개념도 없었을 뿐더러 더군다나 아빠가 엄마한테 선물이라니….

나는 자연스럽게 우리 집과 친구 집을 비교하게 되었다. 친구들 집은 서로 위하고 끈끈한 가족애가 있는데, 우리 집은 왜 절대 뭉쳐지지 않는 모래알 같을까? 뭐가 잘못된 걸까? 우리 집도 친구들 집처럼 화목하게 살았으면 했다. 언제나 가슴 한쪽에 무거운 돌처럼 가족이라는 울타리는 나에게 부담스러운 존재가 되어가고 있었다. 헤어날 수 없는 상황에 나는 작아지고 쪼그라들었다.

전문대를 졸업하고 사회생활을 시작하게 되었다. 사회생활은 학교 때와는 판이하게 달랐다. 생각지도 못한 난관에 부딪히기도 했다. 월급이라는 족쇄가 내 자유를 빼앗았고, 내 생각과 행동을 옭아맸다.

처음 겪는 인간관계도 나를 힘들게 했다. 사회에서는 친구들에게 편하게 이야기하듯이 속마음을 다 이야기하면 안 된다는 것도 알게 되었다. 의도와 다르게 내게 돌아온다는 것도 겪어야만 했다. 그러면서 차츰 말도 조심하게 되었다. 조심한다기보다는 어디까지 말을 해야 할지 몰라서 직장에서는 입을 다물게 되었다.

나는 묵직한 사람이 되어갔다. 묵직하다 보니 사회에서는 그다지 반기는 사람은 아니었다. 일은 열심히 했지만, 일만 열심히 잘한다고 되는 것이 아니라는 것도 알게 되었다. 조용히 열심히 하다 보면 더 열심히 하라고 다그치고 당연하게 여겼다. 나보다 열심히 일하지 않는 직원을 예뻐하고 인정했다. 억울했다. 억울해도 뭐라고 따져 묻지도 못했다. 사회생활은 그랬다. 열심히 일하는 것보다 인간관계가 우선이었던 것이다. 학생 때처럼 열심히 공부해서 결과가 나오는 절대적 평가의 성적순이 아니었다.

나는 인간관계가 서툴렀다. 매일 싸우는 환경과 그 싸움마저 피하려고 대화가 없는 환경 속에서 살아서 그런지 사람들끼리 기본으로 하는 대화법에도 서툴렀다. 뭔가 방법이 필요한 시점이었다. 이대로 살 수는 없었다. 물어보고 싶어도 물어볼 사람도 없었다.

내가 선택한 방법은 책을 통해 배우는 것이었다. '도대체 인생을 어떻게 살아야 지혜롭고 현명하게 사는 걸까? 도대체 인간관계는 어떻게 해야 잘하는 거야?'라는 의문들이 생길 때마다 책을 읽었다. 자기계발서를 읽으면서 나는 무릎을 탁 쳤다. 그동안 알지 못해 궁금해하던 방법과 대처 방안들이 모두 들어 있었다. 책을 읽으면서 밑줄 긋고, 책 여백에 내 생각들을 메모하면서 정독을 했다. 읽은 것을 실전에 적용해봤다. 처음에는 어색했지만 그때는 그게 최선이었다. 효과는 아주 좋았다.

나는 더 적극적으로 책을 탐닉하기 시작했다. 나의 첫 자기계발서인『인간관계론』을 시작으로 그와 관련된 책들을 읽기 시작했다. 책 속에 언급된 책들은 사서 읽었고 뒤표지에 나오는 같은 저자의 책이나 내가 읽어서 도움이 될 만한 책들을 찾아서 읽었다. 혹시 어떤 책을 읽을지 모르겠다면 책 속에 언급된 책이나 뒤표지에 나온 책들을 읽는 게 유익하다. 그리고 중국 고전도 읽었다. 중국 고전은 또 다른 깨우침을 주었다. 그러면서 나는 조금씩 성장해갔다. 책의 도움으로 인간관계가 서서히 풀리다 보니 직장 생활을 하는 것도 점점 수월해졌다. 그렇게 나는 책의 도움으로 서서히 빛을 향해 가고 있었다.

07

시련에 이대로 질 순 없다!

예상치 못한 절망적인 사건

내 인생에 믿을 수 없는 일이 벌어졌다. TV에서만 보고, 듣던 '사기'라는 단어가 내 인생에 나타났다. 2012년 7월 중순쯤이었다. 일요일에 쉬고 있는데 N언니에게 전화가 왔다.

"수미야, Y언니가 도망갔어?"
"어? 뭔 소리야?"
"Y언니가 돈 가지고 도망간 것 같아."

믿기지 않았다. 순간 머리가 멍해졌다. N언니는 정신없이 어수선하게 말한다.

"언니, 차분하게 말해봐. 진정해. 어떻게 알았어요."

"몇 달째 이자가 안 들어왔어. 연락했는데 전화를 안 받아. 그래서 Y언니 친구 J언니한테 전화해서 물어보니까 며칠 전에 바람 좀 쐬러 잠깐 갔다 온다더니 연락이 안 된대. 도망간 것 같다고 하더라. 어떡해? 너 알지? 내가 Y언니한테 돈 많이 맡긴 거…."

"언니, 아닐 수도 있잖아. 확실해?"

"확실해."

"내가 조금 있다 가볼게. 기다려. 갔다 와서 전화할게요."

N언니에게 이자 들어오는 날짜가 자꾸 늦어지고 있었다. 왠지 불안했다. 제 날짜에 들어오지 않고 4~5일이 늦어지는 날도 있었다. N언니와 통화를 해서 물어봤다.

"언니, 돈 들어오는 날짜가 자꾸 늦어지는데 괜찮은 거예요?"

"응, Y언니 사정이 좀 안 좋은가 봐. 언니가 제때 돈을 안 보내고 있어."

"잉? 그럼 안 돼지. 불안한데? 괜찮을까?"

"괜찮을 거야. 그래도 네 이자는 내가 보내고 있잖아."

"그건 안 될 것 같아. 나 돈 뺄래."

N언니는 좀 더 기다려 보자고 했지만 나는 불안감이 밀려왔다. Y언니를 직접 만나서 말하겠다고 했다. Y언니와 약속 장소에서 만났다. 내가 N언니를 통해 들어간 돈이 얼마이니 언제까지 줄 수 있느냐고 물었다. 넉넉히 두 달의 기한을 달라고 한다. 나는 알았다며 이야기를 마치고 헤어졌다. 그게 한 달 전 이야기다. 그런데 도망갔다고? 그럼 내 돈은?

Y언니 집에 찾아갔다. 차마 안에는 들어가지 못하고 아파트 입구에서 서성이고 있었다. 그렇게 한 시간 정도를 기다리고 있었는데 몇몇 사람이 아파트 입구로 들어간다. 나도 그 뒤를 따라 들어갔다. 맞았다. 모두 Y언니 집에 가는 사람들이었다.

초인종을 누르고 집안에 들어가니 남편과 아이들과 강아지 두 마리가 있었다. 사람들은 남편을 붙잡고 이야기했다. 언성이 오가고 어디에 숨겼냐고 화를 냈다. 나는 집안을 빙 둘러봤다. 세상에나…. 집안이 엉망이었다. 이렇게 집을 더럽게 쓰는 성격이었을까 싶었다. '이렇게 깔끔하지 못한 성격이었다면 내 피 같은 돈을 맡기지 않았을 텐데….'라는 생각이 들었다.

집에 돌아오는 길에 여러 가지 생각이 들었다. '뭐야? 설마… 진짜 안 나타나진 않겠지? 아냐, 아냐, 나타날 거야. 나타나서 미안하다며 본인이 순간 생각을 잘못했다고 시간이 걸리더라도 돈을 돌려줄 테니 조금만 기다려 달라고 할 거야.' 하지만 내 생각은 보기 좋게 빗나갔다.

시간이 지날수록 내 돈이 증발해버렸다는 것을 현실로 받아들이기 시작했다. 현실로 받아들이면서 나는 무기력해졌다. 세상에 이런 일이 나에게 닥치리라고 한 번도 생각해보지 못했기에 충격이 컸다. 그렇게 책에 빠져 살던 나였는데 책 읽는 것도 싫어졌다. 책을 읽는 것조차 무의미해졌다. 내가 바보 같고 한심했다. 세상에 이런 멍청이가 없지 싶었다. 세상에 바보는 나인 것 같았다.

나는 나 스스로를 학대하고 있었다. 돈도 돈이었지만 믿었던 사람에 대한 배신감이 나를 더 힘들게 했다. 정말 돈 앞에서는 인간의 의리라든가 믿음은 하나도 쓸모없다는 것을 알게 되었다. 그래도 나는 인간에 대한 믿음을 버리고 싶지 않았다. 희망을 갖고 싶었다. 그 믿음마저 버린다면 나는 정말 없어질 것 같았다.

절망에서 희망을 생각하다

이 상황에 지고 싶지 않았다. 아니, 강하게 현실을 부정하고 싶었는지도 모른다. 나는 아무일 없었다는 듯이 일상생활을 해나가고 있었다. 아무 일 없이 살아가야만 한다고 나를 다독였다. '이 일로 끝날 내가 아니야. 이건 분명 나중에 내가 살아가는 데 필요한 일일거야. 개구리가 높이 뛰려면 더 많이 쭈그려 앉아야 되는 거니까 이번 일로 나는 더 높이 뛸 거야.' 그러면서도 다른 한편으로는 '뭐야? 내 인생은 왜 맨날 이러는 거야? 도대체 얼마나 높이 뛰려고 이러는 거지? 너무 많이 쭈그려 앉았다가 다리에 쥐 나서 못 일어나는 거 아니야? 하나님은 이겨낼 수 있는 만큼의 시련을 주신다는데 얼마나 더 이겨내야 내 인생은 펴지는 거야?' 혼자서 온탕 냉탕을 왔다 갔다 했다.

미쳐버릴 것 같았다. 예민해지는 날도 많았다. 혼자 술을 마시는 날도 많아졌다. 그런 나를 보고 엄마는 알코올 중독 된다고 잔소리를 하셨다. 무엇보다 엄마에게 미안했다. 호강시켜드리고 싶었는데 엄마를 더 힘들게 하고 있다는 생각이 나를 미치게 했다. 혼자서 절망했다, 희망을 가졌다, 결심을 했다, 놔버렸다 발버둥을 치고 있었다.

1년이 지나도록 좋은 소식은 오지 않았다. 결국 나는 현실을 냉정히 받아들이기로 했다. 일어나지 않았으면 좋았겠지만 어차피 일어난 일이라 계속 붙잡고 무너져 있을 수만은 없었다. 나를 다시 일으켜 세워야 했다. "호랑이한테 물려가도 정신만 차리면 바짝 차리면 산다."라는 말이 있지 않은가?

나는 다시 나를 일으켜 세우기로 마음먹었다. 지금까지 힘든 일이 있어도 꿋꿋이 잘 이겨내지 않았던가. 여기서 멈추길 하나님은 바라지 않으실 것이라는 생각을 했다. 여기서 끝날 내 인생이 아니라고 생각했다. 아직 내가 원하는 인생을 살아보지도 못했다. 나는 나에게 주문을 걸었다.

"최수미, 이대로 무너지지 않아."

"너 정신력은 강하잖아. 이겨낼 수 있어."

"너 최수미야. 이 정도로 무너지지 않아."

이때는 의도적으로 더 좋은 생각을 많이 하고 더 긍정적인 말을 많이 하고 더 웃으려고 노력했다. 한 번뿐인 내 인생 여기서 끝낼 순 없지 않은가? 그리고 나는 다시 책을 손에 잡기 시작했다.

08

삶의 절망을 견뎌야 했던 시간

뭐라고? 내가 암이라고?

2018년 3월 9일. 내가 신장암 진단을 받고 첫 수술을 한 날이다. 나에게 암이 찾아왔다.

작년 가을부터 의자에 앉아 있으면 오른쪽 갈비뼈 밑에서 뭔가가 둥글하게 잡혔다. '응? 뭐지?' 원래 변비가 있었기 때문에 변비일 것이라고 생각했다. 다음 해 1월에 감기에 걸려서 내과에 내원을 했다. 진료를 받으면서 오른쪽 옆구리 쪽에서 뭔가가 잡힌다고 선생님에게 말했다. X-ray를 찍어보자고 하셔서 찍고 결과를 보니 배 속에 가스가 가득 차 있고 변이 있다고 하셨다. 나도 그럴 것이라 생각했지만 혹시나 했던 건데 선생님의 말씀을 들으니 안심이 되었다. 나는 20대 초반에 갑상선에 물혹이 있다는 진단을 받았었다. 병원에 내 기록이 있던 차에 선생님이 그동안 갑상선 검진을 해봤냐고 물어보셨다. 그동안 한 번도 안 했다고 하니 그럼 검진 차원에서 한번 해보자고 하셨다.

초음파 검진 날 병원에 다시 갔다. 검진실에 누워 있는데 겨울이라 추웠다. 선생님이 오셔서 갑상선과 복부 초음파를 검사하셨다. 복부와 갑상선 여기저기를 찰칵찰칵 찍으셨다.

"요 근래 살이 빠졌어요?"

"아니요. 몇 년 전부터 빠지다가 지금은 다시 쪘어요."

"복부 신장에서 모양이 안 좋은 혹이 있어요. 갑상선에도 혹이 많고. 큰 병원 가서 다시 검사해보는 게 좋겠어요."

"암인가요?"

"그건 아직 몰라요. 그래서 정밀 검사를 해야 하니까 큰 병원 가보시라는 거예요. 아닐 수도 있으니까 걱정 마시고요."

일산병원으로 갔다. 비뇨기과에서 복부 CT를 찍고 결과를 듣는 날이다. 방으로 들어가 보니 교수님은 화면의 CT를 보고 계셨다.

"음, 모양이 안 좋아요. 위치도 안 좋고."
"수술을 해야 하는데 위치가 안 좋은 데 있어요."

사진을 보여주면서 위치를 설명해주신다. 간 밑에 있어서 위치가 안 좋다는 것이다. 수술? 내가 수술을 해야 한다고?

"수술이요? 그냥 지켜보면 안 되나요?"
"이건 지켜보면 안 돼요. 암입니다. 크기도 4cm 정도 돼서 수술해야 합니다."
"아, 네…."

조직 검사를 해야 정확한 진단이 나올 것 같아 조직 검사를 해야 하는 게 아니냐고 물었더니 신장은 조직 검사를 할 수 없다고 한다. 혈관들이 많은 장기이기도 하고 간 바로 밑에 있는 데다가 내 신장에 있는 암은 위치가 더 안 좋았다. 조직 검사를 하는 바늘이 혹시라도 간을 건드리면 전이가 될 수 있다고 한다. 교수님 표정이 너무 심각해서 나는 담담히 웃으면서 "수술 잘해주실 거죠?" 하고 물었다.

수술은 신촌 세브란스에서 했다. 지인들에게 이야기하니 그래도 더 큰 병원에서 수술하는 게 낫다고 말했다. 수술은 너무나 잘됐다. 나를 집도 하신 교수님은 항상 긍정적이시고 힘이 되는 말씀을 해주셨다. 참 감사한 분이다. 교수님은 의술뿐 아니라 인술까지 펼치시는 분이었다. 나는 너무나 감사했다.

그리고 5월 9일. 갑상선에도 암이 있다는 진단을 받고 두 번째 수술을 했다.

인생은 참 모를 일이다. 나는 건강에는 자신이 있었다. 체력도 보통 여자들보다 좋아서 피곤도 덜 느꼈고, 자고 일어나면 금방 괜찮아지는 편이기도 했다. 물론 나는 스트레스에 약하긴 했다. 집안의 불화로 항상 몸은 긴장 속에 살고 있었다. 직장에서도 열심히 해야 하고 사람들에게 잘해줘야 한다는 강박증이 있었다. 한의원에서 진맥을 받으면 언제나 화병이 있다는 진단을 받았다.

"저 아직 결혼 안 했는데요?"
"화병은 스트레스에요. 스트레스를 많이 받는다는 뜻이겠죠?"
"아, 네…."

그래도 난 정신력이 강해서 잘 이겨내고 있었다. 아니, 어쩌면 이겨내고 있다고 믿고 싶었는지도 모른다. 그래도 건강 하나는 내 자산이었다. 아마도 그 일이 있기 전까지는 그랬던 것 같다.

내 인생 이대로 끝나지 않아

2012년 7월 중순쯤 나는 아는 지인에게 사기를 당했다. 내 인생에 사기라는 단어가 붙게 될 줄은 상상도 못 했다. TV에서만 보고, 듣던 단어가 현실 속에 나타난 것이다. 내가 사기를 당한 돈은 4,200만 원 정도로 내 전 재산이었다. 아니, 경매를 하면서 받은 대출금까지 포함해서 거의 1억 원에 가까운 돈을 빚으로 떠안게 되었다. 돈을 떼어먹은 Y언니를 찾으려고 집으로 찾아가 남편도 만났다. 나 말고도 여러 명이 집으로 찾아갔다.

나는 지금의 현실을 믿고 싶지 않았다. 이게 무슨 일인가? 정말 암담했다. 아이들도 남겨졌다. 아직 초등학생과 유치원생이었다. 그래도 아이들이 보고 싶어서 저녁에라도 잠깐 오지 않을까 싶어 저녁에 그 집을 찾아가 봤다. 벨을 눌렀다. 아이들 소리만 들린다. 문을 열어 달라고 해서 들어가 보니 아이들만 있었다. 나는 혹시 단서가 있을 만한 게 있나 해서 여기저기를 뒤져봤다. 아무것도 없었다. 작정하고 튄 것이다.

며칠 후 Y언니 남편에게 전화가 왔다. 아이들만 있는 집에 무단으로 왔다 갔다며 경찰에 신고했다고 한다. 적반하장이었다. 그날 저녁 일이 끝나고 Y언니 남편이 하는 가게에 갔다. 내가 아는 Y언니는 이런 사람이 아니지 않냐, 아이들도 있는데 이러면 안 되는 거 아니냐며 절망하며 이야기했다. 꽤 오랜 시간 이런저런 이야기를 하다가 Y언니 남편이 이런 일 당하려고 시골에서 서울로 올라왔냐며 나를 안쓰럽게 보며 말했다.

집에 돌아오는 길에 현실을 부정하고 싶었다. 시간을 돌리고 싶었다. 내게 왜 이런 일이 일어났는지, 어떻게 해야 할지 알 수가 없었다.

처음 당하는 일이라 엄마에게 사실대로 얘기했다. 엄마는 망연자실했다. 나보고 미쳤다며 그 돈이 있으면 대출금 먼저 갚아야지, 이자 조금 받으려고 그런 짓을 했냐며 야단을 치셨다. 나는 면목이 없었다. 그러면서도 마음 한구석에는 일이 잘 풀릴 것이라는 한 가닥 희망을 품고 있었다. 하지만 일은 잘 풀리지 않았다. Y언니를 경찰에 신고했지만 마음먹고 숨은 사람을 찾는 게 쉬운 일은 아니었다.

나의 한 가닥 희망은 날이 갈수록 절망으로 바뀌었다. 점점 현실로 받아들이기 시작하면서 내 삶은 무너지기 시작했다. 마음이 먼저 무너졌다. '내가 사람 보는 눈이 이렇게 없었나? 사람을 믿은 게 죄인가?' 싶었다. 날이 갈수록 내가 바보 같고 한심하다고 느껴졌다. 나 스스로가 미웠다. 자다가도 가슴이 벌렁거려 잠이 깼다. 한번 깨서는 다시 잠들기 힘들었다.

잠이 오지 않아 이리저리 뒤척이다가 잠이 들었다. 스트레스로 인한 불면증이었다. 나는 원래 머리만 대면 잠이 드는 편이다. 자는 중간에도 잘 깨지 않는다. 그랬던 내가 처음 겪는 일에 무너지고 있었다.

무엇보다 엄마의 나에 대한 신뢰가 깨져버렸다. 형제 셋 중에 그나마 야무지고 똑똑하다고 생각했던 막내딸이 엄청난 일을 저지르고 당했으니 말이다. 나는 힘든 엄마에게 항상 힘이 되고 싶었다. 아빠와의 불화로 사는 동안 항상 싸워야 했다. 중학교를 포기하고 일찍 사회에 나간 언니, 하나뿐인 아들이 류마티스 관절염에 정신과 약까지 먹는 상황이었다.

엄마는 힘들어도 힘들다는 표현을 하지 않고 다 끌어안고 살았다. 그런 엄마인 걸 알기에 나는 엄마를 호강시켜드리고 싶었다. 나한테 의지하게 하고 싶었다. 내가 경매를 배워서 돈을 많이 벌고 싶은 것도 엄마를 위해서다. 친구 부모님들은 자식들이 커가면서 일도 손에서 놓고 여행도 다니면서 여유롭게 사시는데 엄마는 아직도 먹고살기 위해 쉬지 않고 일하신다. 나는 언제나 쉬지 않고 일하는 엄마가 안쓰러웠다.

그래서 경매를 배울 때도 엄마한테 내가 돈 많이 벌어서 엄마 호강시켜준다는 말을 했다. 공기 좋고 경치 좋은 시골에 전원주택을 지어준다고도 했다. 언제나 희망이 없는 엄마에게 희망을 주고 싶었다. 그런데 그런 내가 제일 큰 절망을 엄마에게 안겨줬다.

이 일 후에 엄마는 나에게 잔소리를 많이 했고 내가 뭔가를 하려고 하면 이렇게 말했다.

"하지 마. 하지 마. 아무것도 하지 마."
"우리처럼 돈 없는 사람은 아무것도 안 하는 게 돈 버는 거야."
"됐어. 됐어. 그냥 가만히 있어."

이게 내가 들어야 하는 말들이었다.

왜 나에게는 자꾸 안 좋은 일들만 일어나는지 알 수가 없었다. '이제 좀 좋아지겠지.' 생각하면 일이 꼬였다. 하나님은 자기가 감내할 수 있는 만큼의 시련만 주신다고 하셨다. 나는 생각했다.

'그럼, 나는? 나는 얼마만큼 감내할 수 있어서 이렇게 자꾸 안 좋은 일만 일어나는 거야?'

이런 생각을 하면서도 한편으로는 가끔 이런 생각도 했다.

'개구리가 높이 뛰려면 더 많이 쭈그려 앉아야 하는 거야. 이번 일을 겪고 나면 더 높이 뛰어오를 거야. 나중에 나처럼 힘든 사람에게 힘이 주는 소스가 되려나? 쨍하고 해 뜰 날이 있을 거야.'

실제로 이때쯤 내 컬러링과 우리 가족 핸드폰 컬러링은 모두 송대관 아저씨의 노래 '해 뜰 날'이었다.

책이 시키는 대로 따라간

성공자들의 이야기 ②

조지 소로스

신비에 가까운 능력의 소유자, 금융의 황제

금융의 황제라고 불리는 조지 소로스는 독서를 통해 런던 빈민가의 접시닦이에서 세계 금융의 황제가 된 인물이다. 사실 그는 금융인보다는 어렸을 때 철학자가 되고자 했다. 12살 때부터 철학 고전을 읽었고, 내용은 이해가 되지 않았지만 독서를 통해 사고의 수준이 비약적으로 향상되었다. 소로스는 런던에서 9년 동안 밑바닥 인생을 살면서도 책을 손에서 놓지 않았다.

"영국 런던에서 9년간 패배자로 살았다. 청년은 접시닦이, 웨이터, 페인트공, 농장 노동자, 통조림 공장 공원, 마네킹 공장 공원, 수영장 안내원, 철도역 짐꾼 등으로 일했다. 특기할 만한 사실은 그런 실패의 나날을 보내는 와중에도 청년이 온 힘을 다해 철학 고전을 읽었다는 점이다. 그는 아리스토텔레스, 에라스무스, 마키아벨리, 홉스, 베르그송 같은 천재 철학자들의 저작을 마치 고시를 준비하듯 빈틈없이 공부했다. 그의 뜨거운 철학 공부는 9년간의 런던 생활을 마치고 미국으로 간 뒤에도 계속되었다. 그는 뉴욕의 한 금융회사에 입사했는데, 근무 중에도 시간만 나면 철학 서적을 읽었고, 퇴근하면 아예 철학 서적에 묻혀 살았다. 주말이나 휴일에는 철학과 대학원생에게 개인지도를 받았고, 때때로 밤을 지새우면서 철학 책에 대해 철학 논문을 썼다."

— 이지성, 『리딩으로 리드하라』

1992년 그는 세계 금융 황제가 되어 영국으로 돌아왔다. 그가 영국을 떠난 지 30여 년이 지난 후였다. 그는 자신의 철학적 사고로 파운드화가 폭락했을 때 투자해 일주일 만에 무려 10억 달러를 벌어들였다. 그는 자신의 투자 성공의 비결이 '철학적 사고'라고 『금융의 연금술』에서 말했다. 책이 그의 의식과 사고의 수준을 비약적으로 만들었기 때문에 가능한 일이었다. 그와 함께 일한 펀드 매니저들은 그의 놀라운 견해와 안목에 대해 다음과 같이 말했다.

"세계의 모든 돈과 신용의 흐름을 시각화할 수 있는, 신비에 가까운 능력의 소유자."

소로스가 책을 읽지 않았다면 이런 칭송을 받았을 리 만무하다. 책에서 얻은 철학적 사고와 통찰력으로 남다른 시각을 갖게 되었고 남들보다 앞을 내다볼 수 있는 혜안을 가지게 된 것이다. 이런 그는 지금도 세계 금융의 황제 자리를 굳건히 지키고 있다.

2장

책이 시키는 대로 했더니 인생이 달라졌다

01 책 읽기 전과 후의 삶은 완전히 다르다

02 내 안의 잠든 거인을 깨우다

03 책을 읽는 데 기꺼이 시간을 투자하다

04 독서로 마음의 평화를 얻다

05 자기계발서로 해결 방법을 찾다

06 어디서든 책 속에 빠지다

07 아침부터 저녁까지 책, 책, 책!

08 행동하고 변화하는 기쁨을 알다

01

책 읽기 전과 후의 삶은 완전히 다르다

책이 주는 미학

"나는 삶을 변화시키는 아이디어를 항상 책에서 얻었다." 벨 훅스가 말했다.

나는 책 읽는 것을 좋아한다. 하지만 학창 시절에는 책을 읽지 않았다. 왜 읽어야 하는지도 몰랐다. 학창 시절에 나는 책 읽기가 재미없었다. 그때는 앉아서 책을 읽는 것이 지루하게만 느껴졌다. 책을 읽기 위해 10분 이상을 앉아 있는 것은 나에게 있을 수 없는 일이었다. 그런데 지금은 책만 읽고 살았으면 하는 생각을 한다. 책을 읽으면서 내가 변해가는 것을 직접 경험하였고 책의 중요성을 느꼈기 때문이다.

책을 읽으면서 성격이 조금씩 유순해지고 조금 더 상대방을 배려하며 칭찬도 하게 되었다. 직장 다닐 때의 일이다. 한창 진료 중에 원장님이 "아~ 이건 지금 잘되고 있는지 모르겠어. 밑에 잘 채워지는지 알 수도 없고. 이게 잘되고 있는 거야? 어떤 거야?"라고 말했다. 치과의 특성상 이에 충치를 제거하고 재료를 채워야 하는데 원장님은 워낙 꼼꼼한 성격이고 더 잘하고 싶은 마음에 이런 말씀을 하시는 것 같았다. 옆에서 어시스트를 하던 나는 대답했다. "그래도 원장님 성격이 꼼꼼해서 잘하시는 것 같아요. 원장님 진료 잘하시잖아요." 원장님은 내심 기분이 좋으신 것 같았다.

사람의 기분을 맞춘다는 것은 별거 아니다. 내가 느끼는 진심을 상대방에게 말해주면 되는 것이다. 그런데 나는 변하기 전에 그런 말조차 못 했다. 왠지 아부를 떤다는 생각이 들었기 때문이다. 그때는 질투심도 많았던 것 같다. 내가 남 밑에서 일은 하지만 아부는 하고 싶지 않았다. 그런데 아부를 하는 것과 상대방이 잘하는 것을 칭찬하고 인정하는 것은 확연히 다르다. 예전의 나는 일하면서 인정받는 것은 그저 행동으로 열심히 하면 되는 줄 알았다. 하지만 사회생활은 인간관계로 이루어진다고 해도 과언이 아니다. 일만 열심히 잘한다고 해서 되는 것이 아니었다. 인간관계도 잘하면 금상첨화라는 것을 나는 이 일 후에 느끼게 되었다.

'아, 칭찬은 고래도 춤추게 한다더니 정말 말 한마디에 천 냥 빚도 갚겠구나.'

어렸을 때 나는 불안하고 예민한 성격이었다. 집안에서 부모님은 하루가 멀다 하고 싸우셨다. 싸움을 하실 때마다 서로 상처를 주는 말을 일삼았다. 싸움의 주요 원인은 돈과 자식들이었다. 특히 우리의 문제로 싸울 때는 아빠의 비수 같은 말이 우리를 향하기도 했다. 그럴 때마다 나는 그렇게 말하지 말라고 아빠에게 말했지만 이미 말은 내 가슴에 꽂혔다. 그래서인지 내 내면에는 항상 불안함이 잠재되어 있었고, 가끔은 친구들과 이야기하다가 아빠처럼 본의 아니게 상처를 주는 말을 하기도 했다.

나의 성격은 불안하고 예민한 반면에 선천적으로 단순하고 밝기도 했다. 그래서 그나마 불안하고 예민한 성격을 커버할 수 있었다. 친구들에게 내가 학창 시절에는 불안하고 예민한 성격이었다고 말하면 믿지 않을 것이다. 아마도 나의 성격을 감추기 위해 더 밝게 행동했을지도 모른다. 하지만 내면으로는 사회생활을 하면서 환영받지 못하고 직장 부적응자가 되기 시작했다.

책이 나를 바꾸기 시작했다

사회 초년생인 나에게는 직장 생활은 너무나 힘들었다. 처음 시작하는 업무도 익혀야 하지, 각자에게 주어진 업무도 해야지, 업무를 하면서 나로 인해 동료들에게 피해도 주면 안 되지, 직장 내 동료들과 친분도 쌓아야지, 동료들과 서로 말도 조심해야지. 뭐 하나 편한 게 하나도 없었다. 학교생활은 나만 잘하면 됐지만 직장은 서로 손발이 맞아 톱니바퀴처럼 맞물려 나아가야 했다. 이 모든 것이 나에게는 익숙하지 않은 작업이었다. 적응하기가 힘들면서 나는 불만과 불평이 늘어갔다.

동기나 친구들에 비해 유독 나는 적응을 하지 못했다. 그저 더 나은 곳을 찾아다니며 이직을 했다. 직장 생활 3년 만에 이직을 6번 했다면 말 다 하지 않았나 싶다. 이때는 잘못을 내 안에서 찾으려고 하는 것보다 항상 외부의 탓으로 돌렸다. 동기들과 이야기를 하다가 직장이 비교되면 왠지 나만 안 좋은 조건의 직장을 다니는 것 같았다. 자존감도 없었다. 내가 적응하지 못하는 게 아니라 그들이 나와 맞지 않는다고 생각했다.

이런 내가 책을 읽으면서 서서히 나를 돌아보게 되었다. 책 속의 넓은 세상을 만나고 많은 사람들을 만나면서 그들의 살아가는 모습을 보고 나 자신과 대면을 한 것이다. 나는 무지했다. 세상 살아가는 방법을 몰랐던 것이다. 그런데 책을 읽으면서 알게 되었다. 세상을 살아가는 방법이 따로 있었던 것이다. 그런데 나는 그 방법을 모르고 어렸을 때부터 가지고 있던 나의 기질대로 사회에서 살려니 모난 돌이 정 맞듯이 계속 정을 맞아야 했던 것이다.

책을 읽으면서 사람에 대해 이해심이 생겼다. 나와 다른 생각을 가졌다고 배척하고 내 생각만 고집하는 고집불통에서 너의 생각도 맞다는 것을 인정하게 되었고, 나의 잘못도 있다는 것을 인정하게 되었다. 다른 사람들에 대한 배려와 칭찬이 부족한 내가 배려와 칭찬의 힘도 알게 되었다. 책은 인내심이 없어 직장을 여기저기 옮겨 다니는 나에게 인내심을 가지라고 말하고 있었다. 누구나 적응하기까지 어려움이 있고 어려움을 극복하는 시기가 반드시 온다는 것도 말해주었다. 직장에서 인정을 받는 방법도 알게 되었다. 그러면서 직장 부적응자인 내가 직장에서는 없어서는 안 될 존재가 되기도 했다. 신뢰와 믿음이 가는 사람이 된 것이다. 그로 인해 스트레스가 많던 나는 직장 생활에서 보람과 재미를 느끼게 되었다.

나도 변할 수 있는 존재라는 것을 알게 되었고, 내가 변하면서 인정을 받을 수 있다는 것도 알게 되었다. 당연히 자존감도 올라갔다. 누구도 나에게 해답을 말해줄 수 없는 상황에서 책은 나에게 나아갈 방법과 방향을 제시해주었다. 책은 이렇게 나에게 발전 가능성을 안겨주었다.

"책은 내면을 깨뜨리는 도끼다." 프란츠 카프카가 말했다. 책은 나의 고정 관념으로 가득 찬 세계를 깨뜨렸다. 나는 고정 관념의 알에서 깨어난 것이다. 알에서 깨어나 하늘을 훨훨 자유롭게 날 수 있게 된 것이다.

어떤 이들은 책 읽기가 쓸모없는 짓이라고 말하기도 한다. 하지만 독서야말로 세상을 살아가는 데 꼭 필요한 지식과 지혜를 값싸게 배울 수 있는 보물 창고이다. 내가 알지 못하는 분야나 방법을 모를 때는 책 속에서 길을 찾을 수 있다.

나는 그랬다. 아둔하고 어리석은 시절에 책을 읽으면서 현명하고 지혜로워졌기 때문이다. 나의 삶은 책을 읽기 전과 후로 나뉜다. 내가 책을 만나지 않았다면 지금의 나는 없다고 자부한다. 생각만 해도 아찔하다. 내가 책을 만난 건 행운이다.

당신도 인생이 힘들고 버겁다고 느끼는가? 그렇다면 책에서 답을 찾고 책을 읽기 전과 후의 삶을 경험해보기 바란다.

02

내 안의 잠든 거인을 깨우다

생각하지 않으면 나이아가라 폭포로 떠내려간다

다음은 앤서니 라빈스의 『내 안의 잠든 거인을 깨워라』에 나오는 '나이아가라 증후군'이다.

인생을 강물에 비유해보자. 대부분의 사람은 어디로 가겠다는 구체적인 결정을 하지도 않은 채 그냥 인생의 강물에 뛰어든다. 얼마 내려가지 않아서 그들은 여러 가지 사건, 두려움, 도전 등 이런저런 일에 맞닥뜨리게 된다. 그들은 더 큰 강으로 들어가는 분기점에서 어디로 가기를 바라는지, 또는 어느 방향으로 가야 좋은지 의식적으로 결정하지 못한다. 그들은 그냥 물줄기를 따라 흘러갈 뿐이다. 그들은 자신의 가치관이 아닌 사회적 환경에 휘둘리는 집단의 일원이 된다. 결과적으로 그들은 잘못되어가고 있음을 느낀다. 이렇게 무의식적인 상태로 살다가 어느 날 나이아가라 폭포가 있음을 발견하지만 배를 강변으로 저어갈 노조차 갖고 있지 않다. 그제야 "아!" 하고 한탄하지만 때는 이미 늦었다. 그들은 물과 함께 폭포의 낭떠러지로 추락한다. 때로는 그것이 감정의 추락이기도 하고, 신체적 추락, 또는 경제적인 추락이 될 수도 있다. 당시에 어떤 도전을 맞고 있더라도 상류에 있을 때 더 나은 결단을 내렸다면 그 문제를 예방할 수 있었을 것이다.

당신은 인생의 강물이 어디로 흐르는지 생각해본 적이 있는가?
당신은 인생에서 어떻게 살고 싶고 무엇을 이루고 싶은가?

나의 인생도 나이아가라 폭포로 떠내려가고 있었다. 그저 학교에서 하라는 대로 하고 살았고, 사회에 나와서는 사회가 하라는 대로 하고 살고 있었다. 그때는 그렇게 하라는 대로 열심히 살면 나의 미래가 밝게 빛나면서 나를 맞이해주는 줄 알았다. 하지만 현실은 그렇지 않았다. 상류에서 깊게 생각을 못 했던 탓에 강의 중류쯤 달했을 때 나는 위기의식을 느끼기 시작했다. 여기서 조금만 더 떠내려가면 폭포의 낭떠러지로 떨어질 수도 있다는 생각이 들었다. 다행이었다. 이제라도 알게 되어서.

우리 모두는 태어날 때부터 완전하고 온전한 존재로 태어났다. 태어날 때는 이미 완벽한 존재로 태어나지만 살아가면서 세상의 관념과 인습, 전통에 의해 서서히 우리의 완벽함은 점점 사라지고 그 자리에 사회가 원하고 요구하는 틀 안에 갇히게 된다. 우리의 타고난 무한함은 잠들기 시작하는 것이다.

어렸을 때 나를 생각해보면 나는 뭐든지 잘하는 사람인 줄 알았다. 물론 부모님이나 외할머니, 할아버지, 친척들과 동네 어른들이 나를 예뻐하고 귀여워하기도 해서 자신감이 있었는지 모르겠지만, 나의 내면에는 말로 설명할 수 없는 자신감이 항상 차 있었다. 그런데 학교에 들어가면서 성적이라는 틀 안에서 등수가 매겨지고 시험이라는 제도로 나의 특성과 개성이 무시된 채 정해진 규격 안으로 나를 꾸역꾸역 밀어넣다 보니 나의 자신감은 서서히 사라졌다. 이것은 물론 학교뿐만이 아니다. 사회에서도 마찬가지였다. 바쁘게 움직이게 해 생각이라는 것을 하지 못하게 했다.

책으로 내 안의 잠든 거인을 깨우다

우리는 살아가면서 내 안에 거인이 있다는 것을 모르고 산다. 이미 명령에 익숙해져 있고, 네모난 사회의 틀 안에 갇혀 살아왔기 때문이다. 나도 그렇다. 학교에 들어가기 시작하면서부터 정해진 학교 수업을 받아야 하고, 정해진 점수를 받아야 하고, 개인 각자의 개성이 아닌 사회가 원하는 사회의 규격을 맞춰야 한다고 교육받고 자랐다. 그 규격에서 조금이라도 벗어나면 사회의 이단아가 되어 사회와 사람들에게 지탄의 대상이 되었다. 나도 모르게 사회의 인습, 관습, 전통 등을 자연스럽게 받아들이면서 그 틀 안에서 살아야만 잘 사는 사람이라고 세뇌당하고 있었다. 그래서 학교와 사회가 원하는 대로 맞춰야만 했다. 특히 사회는 튀는 것을 싫어했다. 전혀 내 생각이라는 것을 하지 못하게 했다. 직장이라는 틀 안에서 내 생각을 하지 않고 정해진 업무와 할당량을 해야만 인정을 받는 세계였다. 그런데 나는 그 안에 나를 맞추기 힘들어하면서 직장 부적응자로 전락하고 있었다. 그러면서 나의 의식은 더 쪼그라들기 시작했다.

우리는 스스로의 가치를 모르고 살아가고 있다. 우리 개개인은 엄청난 가치를 가지고 이 세상에 태어난 완벽한 존재들이다. 내면의 깊숙한 곳에서는 스스로가 엄청나게 가치 있는 존재라는 것을 알지만 세상을 살아가면서 그 가치는 서서히 꺼져가는 촛불처럼 희미해지고 있다. 그래서 그 존재조차 알아차리기 힘들다. 사회의 잣대에 비추어 나의 가치를 연봉에 한정짓고 살아가는 게 현실이다. 그리고 그 가치로 살아가는 동안 발견하지도 못하고 인생을 마감하게 될 수도 있다. 이 얼마나 슬픈 일인가.

우리는 우리가 생각하는 것보다 위대한 가치가 있는 존재이다. 우리는 이 세상을 살아가는 동안 무엇이든지 할 수 있고, 무엇이든지 될 수 있는 존재들이다. 단지 깨닫지 못하고 잃어버리고 살고 있을 뿐이다. 나는 내가 얼마나 가치 있고 큰 존재인지 독서를 통해 알게 되었다. 사회의 틀 안에서 요구하는 잣대에 나를 맞추려다 보니 내 가치를 보지 못하고 잊고 살고 있을 뿐이었다.

내가 시골에서 서울로 직장을 옮길 때도, 경매를 처음 시작할 때도, 사기를 당해 좌절해 있을 때도, 두 번의 암 진단으로 수술을 했을 때도, 저자의 삶을 살기 위해 책을 쓰고 있는 지금도 나는 용기가 필요했다. 세상에서는 안 된다고 말하고, 하지 말라고 말리고, 어쩔 수 없으니 지금처럼 살라고 나한테 말하고 요구했다.

하지만 이미 생각이 깊어진 이상 세상이 하는 말을 곧이곧대로 받아들이면서 가만히 안주해 있을 수 없었다. 용기를 내서 앞으로 나아갈 수 있다고 스스로에게 말해주었다.

"할 수 있어. 너라면 해낼 수 있을 거야. 다른 사람들도 하는데 너라고 못 할 이유가 뭐야! 걱정 마. 잘 이겨낼 수 있어. 위기는 기회야! 이번을 계기로 더 좋은 일이 올 거야. He can do. She can do. Why not me!"라고 말하며 용기를 주었다.

나는 내면의 말에 귀를 기울이고 행동했다. 책을 읽으면서 내 안에 위대한 거인이 잠들어 있다는 것을 알게 되었고, 책을 읽으면서 잠자고 있던 거인을 서서히 깨웠던 것이다. 그 결과 나는 내가 알지 못하고 경험해보지 못한 세계를 경험하고 알게 되었다. 지금까지 내가 살아왔던 세상과 다른 세상이 존재한다는 것도 알게 되었다. 그리고 나를 더욱 사랑하고 아끼게 되었다. 값진 선물이다.

세상의 모든 일은 마음먹기에 달려 있다. 내 생각, 즉 의식에 달려 있다는 말이다. 안 될 것이라고 생각하면 모든 일은 안 되는 방향으로 향하고, 된다고 생각하면 모든 일은 되는 방향으로 나아간다. 이렇듯 그 누구보다 자신의 생각과 말은 엄청난 힘이 있다. 그것이 내 안의 거인의 힘이다. 독서는 부정적이고 회의적인 생각들을 긍정적이고 희망으로 바꾸는 힘이 있다. 독서를 통해 내 안에 고요히 잠들어 있는 거인을 깨워라. 당신 안에 있는 거인을 깨워 크게 되어라.

03

책을 읽는 데 기꺼이 시간을 투자하다

내 삶에 인생 책을 만나다

요즘 많은 사람들이 여행을 다닌다. 왜 그럴까? 익숙한 환경에서 벗어나 여행을 통해 새로운 환경에서 자신을 찾기 위해서다. 그리고 넓은 세상을 경험하기 위해서다. 여행을 하다 보면 나와는 다른 세계의 사람들을 만나 그들의 먹는 것, 생활하는 환경, 그동안 보지 못한 것들을 보게 된다. 여행은 내가 경험해보지 못한 세계를 경험할 수 있는 좋은 수단이다. 그런데 나에게는 책이 직접적으로 여행하는 것보다 더 유익했다. 독서는 나에게 물리적으로 갈 수 없는 곳까지 데려다주었다. 그래서 나는 여행보다 책을 통해 더 많이 배우고 깨닫는다.

나는 책을 읽지 않는 사람이었다. 책 읽는 것에 흥미도 없었지만 책 읽는 것의 필요성도 알지 못했다. 책 읽는 것보다 친구들과 어울려 노는 것이 더 재미있었다. 그런데 23살에 친구들이 아무도 없는 안산에 가게 되면서 책을 읽기 시작했다. 만날 사람이 없었기 때문에 시간은 남아돌았고 할 게 없었다. 혼자 할 것을 찾다가 우연히 직장 근처에 있는 도서 대여점을 찾아간 것이 책과의 인연이 되었다.

처음 책을 읽게 되었을 때 '왜 내가 책을 그동안 읽지 않았을까?' 생각했다. 책 읽는 즐거움을 그때부터 알게 된 것이다. 처음에는 재미 위주의 책을 읽기 시작했다. 재미가 없으면 다시 책을 잡기가 힘들어질 것 같아서 소설류를 주로 읽었다. 소설은 한번 읽으면 뒷부분이 궁금해서 바로바로 읽게 되었다. 시간 가는 줄 몰랐다. 내가 책을 읽는다는 것 자체에 자부심도 느꼈다. 그러면서 자연히 책 읽는 습관이 잡히게 되었다.

소설 위주로 읽던 내가 자기계발서를 우연히 접하게 되었다. 데일 카네기의 『인간관계론』이었다. 신세계였다. 내가 왜 그동안 직장에서 적응 못하고 그렇게 헤맸는지를 알 수 있을 것 같았다. 나는 무뚝뚝한 편이다. 빈말도 못 하는 성격이다. 고지식했다. 상대방을 배려할 줄 몰랐고 칭찬할 줄도 몰랐다. 예민하기도 했다. 말을 많이 하거나 재미있게 하는 편도 아니었다. 이런 것들이 내가 직장 생활을 하는 데 마이너스 요인이 되었던 것이다. 내가 태어나고 자라면서 형성된 성격이라 사회에 나갔을 때 마이

너스 요인이 될 수 있다는 것을 몰랐다. 나는『인간관계론』을 읽으면서 나 자신을 돌아봤다.

직장 상사가 이렇게 말한 적이 있다.

"수미 씨는 원래 그렇게 말이 없나?"

"네."

내 대답은 이게 끝이었다. 그러니 직장에서는 내가 그리 반가운 존재만은 아니었을 것이다. 아무리 묵묵히 열심히 해도 사회에서는 관계가 더 중요했다. 나는 그 인간관계에서 낙제생이었던 것이다.

책은 인생을 바꾸는 강력한 힘이 있다

『인간관계론』에서 말하는 '사람들이 당신을 좋아하게 하는 방법'이다.

나는 뉴욕의 33번가와 8번가가 만나는 지점에 있는 우체국에서 등기 소포를 부치기 위해 줄을 서고 있었다. 나는 우체국 직원이 봉투의 무게를 달고, 우표를 건네주고, 잔돈을 거슬러주고, 영수증을 발급하는 등 매일 반복되는 지루한 일에 싫증을 느낀다는 것을 알아챘다. 그래서 나는 생각했다.

"저 직원이 나를 좋아하게 만들어야지. 좋아하게 만들려면, 분명히 나에 관한 것이 아닌 그에 대해 뭔가 좋은 말을 해줘야 할 텐데… 그가 진정으로 감탄할 만한 게 뭐가 있을까?"

이 질문은 때론 답하기가 참 어렵다. 특히 낯선 사람에게 적용할 때는 더욱 그러하다. 하지만 이번 경우에는 쉬웠다. 나는 몹시 감탄할 만한 것을 금세 찾아냈다. 내가 건넨 봉투의 무게를 그가 달아보는 동안 나는 감탄하며 말했다.

"머리카락이 정말 부럽네요."

다소 놀란 듯이 고개를 든 그의 얼굴에는 미소가 번져 있었다.

"글쎄요. 옛날만큼 좋지는 않아요."

그는 겸손히 말했다. 나는 타고난 빛깔이 약간 바랬더라도 머리칼이 여전히 근사하다고 말했다. 그는 무척 기뻐했다. 간단한 대화를 즐겁게 나누고 나서 그가 마지막으로 한 말은 다음과 같다.

"많은 사람들이 제 머리칼을 보고 감탄하죠."

그 직원은 그날 바깥 공기를 쐬며 점심을 먹으러 나갔을 것이다. 집에 가서 부인에게 자랑을 했을 것이고, 거울 속의 자신을 보며 중얼거렸을 것이다.

"정말 멋있는 머리카락이야."

정말 멋진 대화라고 생각했다. 나와는 전혀 다른 대화법이었다. 나는 대화를 끊는 대화를 했고 예화 속 주인공은 상대방을 인정하면서 기분이 좋아지는 대화법을 이어갔다. 다소 충격적이기도 했다. 이런 게 내가 알지 못하고 경험해보지 못한 세계로 안내해주었다.

자기계발서에 점점 빠지면서 책 읽는 시간이 점점 늘어났다. 책을 읽으면서 내가 개조된다는 느낌이 들었다. 그동안 알지 못하는 것을 알게 되면서 나 자신이 개조되고 있었다. 지금까지의 내가 아닌 다른 내가 되어 상대방을 대하니 직장에서도 서서히 인정을 받게 되었다. 인정을 받으니 직장 생활도 재미있었다.

윌리엄 제임스는 이렇게 말했다.

"인간 본성의 가장 깊은 원칙은 인정받으려는 욕구이다."

나는 자기계발서에 매료되면서 틈만 나면 책을 읽기 시작했다. 내가 그동안 고민하고 답답해하던 문제들이 서서히 풀렸기 때문이다. 그 당시 내 문제를 속 시원히 해결해줄 사람은 없었다. 그런데 책을 읽으면서 나의 고민이 서서히 해결되었고 관계도 이루 말할 수 없이 좋아졌다.

사람은 살아가면서 많은 문제들을 만난다. 인생은 문제 해결의 과정이라고도 한다. 아무런 문제와 걱정 없이 산다면 인생이 얼마나 단조롭겠는가. 우리는 인생의 문제들을 만나면서 긴장도 하고 해결책을 찾기 위해 동분서주하게 된다. 그 문제를 해결하면 자존감도 올라가고 행복도 더 많이 느끼게 될 것이다.

나는 지금까지 여행을 많이 하지 않았다. 다섯 손가락으로 셀 정도이다. 하지만 나는 독서 여행을 해왔고 지금도 계속하고 있다. 독서는 그 어떤 여행보다 비용이나 시간적인 면에서 유용하다. 나는 책 읽는 데 시간을 투자함으로써 즐거움과 세상을 살아가는 지혜를 얻었다. 나는 앞으로도 독서에 기꺼이 시간을 투자할 것이다.

04

독서로 마음의 평화를 얻다

'비교'가 인생을 불행으로 이끈다

"당신 스스로가 하지 않으면 아무도 당신의 운명을 개선해주지 않을 것이다." 독일의 시인 베르톨트 브레히트가 말했다.

나는 빽도, 스펙도 없다. 집안에 돈이 있는 것도 아니다. 아무것도 가진 것이 없다. 그저 가진 것은 나 하나뿐이다. 고등학생 때쯤 부모님과 대화를 하는데 부모님은 세상은 돈도, 빽도 없는 사람은 성공하기 힘들다고 한탄 섞인 어조로 말씀하셨다.

"돈 없고, 빽 없는 사람은 항상 당하고만 살고 성공하기 힘들어."

"왜? 왜 성공하기 힘든데? 열심히 하면 성공할 수도 있는 것 아냐?"

"세상이 열심히 한다고만 다 되는 게 아냐."

"그럼 왜 열심히 살아. 난 그렇게 생각하지 않아. 열심히 살면 나도 잘 살 수 있어."

"아이고, 안 그런다니까…."

아무리 열심히 살아도 나아지지 않는 현실에 부모님은 이미 지쳐 있었고 현실과 타협하고 살고 계신 것이었다. 나는 뭔가를 이미 포기하는 부모님의 그런 말들이 듣기 싫었다. 나에게도 전염이 되는 것 같았기 때문이다. 시도하기도 전에 이미 '안 된다'는 결론을 가지고 시작하는 거나 마찬가지이기 때문이다. 나의 내면 깊숙한 곳에서는 뭐든지 할 수 있다고 말하고 있었다. 그런데 나이가 한 살 한 살 먹어가면서 사회생활도 해보니 나의 미래도 앞이 보이지 않았다. 부모님들의 캄캄했던 현실과 내가 마주하는 느낌이었다. '아, 이래서 엄마 아빠가 그때 그런 말씀을 하셨구나.' 하고 나 자신도 점점 동의하고 있었다. 동의해가는 나를 보면서 내 인생에 불안과 두려움이 더 가득 차기 시작했다.

토마스 풀러가 말했다. "사람의 불행과 행복을 좌우하는 것은 비교다." 프랑수아 틀로르의 『꾸베씨의 행복 여행』이라는 책이 있다. 이 책에서 정신과 의사인 주인공이 말하는 행복의 첫 번째 비밀은 자신을 다른 사람과 비교하지 않는 것이었다.

나는 나의 불안함과 두려움을 가만히 들여다봤다. 내가 두려움을 느끼면서 불행하다고 느끼는 이유는 주변과 나를 비교하기 때문이었다. 어렸을 때 나는 우리 집이 부자인 줄 알았다. 그런데 대학생이 되고 사회에 나가 보니 주변 친구들 중 우리 집이 가장 가난했다. 그때부터 나는 현실을 직시하기 시작했다. 아무것도 가진 것이 없는 사람은 사회에서 아무리 발버둥 치며 빠져나가려 해도 빠져나올 수 없는 늪과 같다는 것을 알게 되었다. 그러면서 나는 무기력해지고 의기소침해졌다.

친구들을 보면 직장 생활을 몇 년 하면서 값비싼 브랜드 옷도 사고, 차도 차서 끌고 다녔다. 그런데 나는 옷을 사더라도 조금 더 저렴한 브랜드나 기획으로 나온 옷을 사고 있었고, 차를 산다는 것은 엄두도 못 냈다. 스스로 친구들과 비교가 되니 인생이 허무하다는 생각을 많이 했던 것 같다. 비교를 하면서 '내 인생은 왜 이럴까?'라는 생각을 많이 했다. 이런 생각을 할수록 내 인생이 불쌍했다.

행복의 반대말은 '불행'이 아니라 '비교'다. 나는 친구들과 나를 '비교'하고 있었던 것이다. 어렸을 때는 우리 집이 부자라고 생각했기 때문에 불행하거나 슬프다는 생각을 하지 않았다. 그런데 서서히 주변과 나를 비교하면서 내가 가진 것보다는 가지고 있지 않은 것들을 생각하게 되었고 그러면서 나는 불행하다는 결론으로 가고 있었다. 비교를 하면서 친구들을 질투하게 되었고, 부모님에 대한 원망, 미움, 분노가 나를 더 힘들게 했다. 계속 이런 감정을 가지고 살 수는 없었다. 빠져나와야 했다.

이런 감정들이 언제부턴가 나를 찾아오면서 나는 심리학이나 나의 마음을 다스려주는 책을 읽기 시작했다. 김혜남의 『서른살이 심리학에게 묻다』에서는 '내가 옳다'고 말해준다.

"당신은 언제나 옳다. 그러니 거침없이 세상으로 나아가라."

'뭐라고? 내가 옳다고? 이런 감정들이 드는 내가 옳다는 거야?' 나는 의아했지만 그 말은 잡고 싶었다. 세상은 그런 감정들을 가질 때마다 '그러면 안 된다, 현실이 그러니 어쩔 수 없지, 복잡하게 생각하지 말고 그냥 살아라.'라고 하지만 책은 그런 내 감정이 옳다고 말하고 있었다.

나는 위로받았다. 누구에게도 쉽게 털어놓지 못하는 고민을 책 속에 털어놓으니 책은 나에게 괜찮다며, 너의 감정은 나쁜 게 아니라고 말해주었다. 그때는 내 마음을 다스릴 수 있는 책을 읽었다. 달라이 라마의 『행복론』, 틱낫한 스님의 『마음에는 평화 얼굴에는 미소』, 『화』, 엘리자베스 퀴블러 로스의 『인생수업』 등을 읽었다.

독서를 통해 인생의 행복을 알다

책은 나에게 말해주고 있었다. 진정으로 행복으로 가는 길은 어떤 것이며, 내가 진정으로 무엇을 원하며 살아야 하는지 알려주고 있었다. 나는 개안을 하듯이 서서히 마음의 눈이 밝아지는 느낌을 받았다.

내가 너무 나 자신을 과소평가하고 있었고, 나 자신을 남과 비교하면서 보잘것없는 존재로 보고 있다는 것을 알게 되었다. 나 스스로 고귀한 존재로 대해줘야 한다는 걸 알게 되었다. 나는 이 세상에 태어날 때는 완벽하고 완전한 존재였다. 세상을 살아가면서 사회의 잣대 안에서 비교하면서 기준에 못 미치는 나를 비하하고 학대하며 스스로를 괴롭히고 있었던 것이다. 나는 나에게 필요한 책들을 읽으면서 마음의 평화를 찾기 시작했다.

세상에 열심히 살지 않는 사람은 없다. 그런데도 앞이 보이지 않는 현실 앞에서 남과 나를 비교하면서 어떻게 살아야 하는지 고민하며 시간만 보내고 있다. 답은 책 속에 있다. 책을 읽으면 답을 찾을 수 있다. 먹고살기 힘들고 마음이 불안할수록 책을 읽어야 한다. 인생을 왜 살아가야 하는지 모르겠다면, 어떻게 살아야 하는지 모르겠다면, 혼란 속에서 고민하고 있다면, 공부를 왜 해야 하는지 모르겠고 방황하고 있다면, 앞이 보이지 않고 무엇을 하고 어떤 생각을 하며 살아야 할지 모를수록 독서를 해야 한다. 책에서 앞으로 걸어가야 할 길을 찾을 수 있을 것이다. 미래에 대한 길이 보일 것이다. 어떻게, 어떤 생각으로 살아야 하는지도 발견할 수 있을 것이다.

독서는 세상과 나를 바라볼 수 있는 기회를 준다. 책 속의 저자들은 인생에 대해 고민했고, 그 고민과 해결 방법을 우리에게 책을 통해 말해주고 있는 것이다. 책을 통해 우리는 자신이 무엇을 해야 하고 어떻게 살아가야 하는지 발견할 수 있다. 책을 통해 답을 발견하면 얼마나 마음과 생각이 안정되고 평화를 얻는지 모른다. 조용히 책을 읽는 것만으로도 마음과 생각이 안정된다. 불안하고 초조한 마음이 가라앉게 된다. 내가 책을 읽으면서 어떻게 살아야 하고 어떻게 불안한 마음과 생각들을 다스리는지 알게 된 것처럼 여러분도 책을 읽으면서 인생을 어떻게 살아야 하는지 알게 될 것이다. 마음의 평화도 얻게 될 것이다. 또한 인생의 답을 얻을 수 있을 것이다.

책이 시키는 대로 따라간

성공자들의 이야기 ③

김밥 파는 CEO, 김승호 회장

7번의 실패를 딛고 일어나다

김승호 회장은 소유 및 투자 중인 8개 기업의 총 매출이 연간 3,500억 원에 달하며, 개인 재산이 4,000억 원대의 자산가로 부채가 제로인 기업가다. 현재 한국, 미국, 일본 등에 500억 원을 투자해 스노우폭스(SNOWFOX)라는 그랩&고(GRAB N GO)개념의 레스토랑을 세계 최초로 연이어 오픈 중이며, 한국에도 7개의 매장이 있다. 현재 그는 한국과 미국을 오가며 각종 강연을 통해 한국 업체의 해외 진출을 돕는 국내 최초의 'CEO 메이커'(사장을 가르치는 사장)로 활동하고 있다. 이런 그는 지금의 자신이 있기까지 독서의 힘이 컸다고 말한다.

"오늘의 나를 만든 것은 독서의 힘이다. 학교 공부는 독서를 통해 얻는 사고의 힘을 결코 가르치지 못한다. 나의 인식과 생각을 정리하고 키울 수 있었던 것은 모두 독서를 통해서다.

고등학교 1학년 때부터 시작한 독서는 지금까지 한 번도 쉬지 않고 이어졌다. 처음엔 중고 책방에서 삼중당 문고판 전체를 하나하나 읽기 시작해 첫해에 100권 넘는 책을 읽었다. 등하교 시간에 차 안에서는 항상 책을 붙들고 있었다. 대학에 입학해서 가장 좋았던 것은 도서관에서 아무 책이나 빌려볼 수 있었다는 점이다. 입학식 때 하나씩 주었던 도서관 출입증에는 빌려간 책을 적어 넣는 페이지가 30여 장 있었지만 한 학기도 끝나기 전에 모두 채워버렸다. 인문서적을 즐겨 읽었으며 온갖 세계 문학을 건조한 땅에 비 받아들이듯 읽어나갔다.

미국에 올 때도 내가 갖고 있던 모든 책을 남김없이 싸 들고 왔다. 그 후로도 한국에 들를 때나 다른 도시를 방문하면 항상 책방을 먼저 찾아갔다. 요즘도 한 달에 책값으로 평균 300달러 정도를 쓰며 보유하고 있는 책들이 수천 권이 넘는다."

– 김승호 ,『김밥 파는 CEO』

김승호 회장은 7번의 사업 실패 끝에 한 번의 성공으로 지금까지 오게 되었다고 말한다. 7번의 실패! 자국도 아니고 타국에서의 7번의 실패는 정말 처절했을 것이다. 언젠가는 사업에 실패하고 나서 나이 어린 아내 무릎에 얼굴을 파묻고 울기까지 했다고 한다. 그런 그가 끝까지 포기하지 않고 미국에서 요식업으로 성공할 수 있었던 힘은 독서로 세상에 대한 질문을 하고 스스로에게 질문을 할 수 있는 법을 배운 것이라고 말한다. 독서야말로 생각의 힘을 키우는 근원이다.

05

자기계발서로 해결 방법을 찾다

인생의 힘든 순간에 책의 조언을 받다

"당신의 인생을 가장 짧은 시간에, 가장 위대하게 바꿀 방법은 무엇인가? 만약 당신이 독서보다 더 좋은 방법을 알고 있다면 그 방법을 따르기 바란다. 그러나 인류가 현재까지 발견한 방법 중에 독서보다 더 좋은 방법은 없을 것이다." 워런 버핏은 이렇게 말했다.

나에게 독서가 그랬다. 나는 인생에서 방황하며 어떻게 살아가야 할지 몰라 속수무책으로 당하고 있을 때 독서를 통해 인생의 방향을 설정하고 방법을 하나하나 습득했다.

나는 직장인 3년 차에 이직을 6번이나 했다. 어마어마한 숫자다. 다른 친구들과 동기들은 한 번 들어간 직장에서 최소한 3년은 다녔는데 나는 길면 1년이었다. 이상하게도 적응하기가 힘들었다.

어렸을 때 돈 때문에 싸우는 부모님을 보며 돈을 많이 벌고 싶다는 생각을 했다. 돈이 많아야지 그 싸움이 종식될 것 같았다. 돈을 많이 벌려면 일을 해야 하는데 막상 사회생활을 하다 보니 일하는 게 만만치 않았을 뿐더러 사람들과의 관계에 적응하기가 힘들었다. 그리고 무엇보다 내 시간과 자유를 빼앗긴다는 생각과 꽉 짜인 틀에서만 생활해야 하는 직장을 못 견뎠다.

다른 일을 하고 싶다는 의욕은 강했으나 어떤 걸 어떻게 시작해야 하는지도 몰랐고 용기도 없었다. 이런 답답함을 해결하고자 일이 끝나면 뭔가를 배우러 다녔다. 운동도 해보고, 문화센터도 다녀보고, 영어학원도 다녀보고. 그런데 지속적으로 이어나가긴 힘들었다. 내가 이런 것들을 배우더라도 앞날의 등불이 될 수 없다는 생각이 들었기 때문이다. 그때는 지금 이 일 말고 다른 일을 하고 싶었지만 용기가 없어 도전도 못 했다. 그러면서 직장에 대한 불평과 불만이 쌓여갔다.

25살에 들어간 직장은 새로 오픈한 치과의원이었다. 시골에서 5번이나 이직을 했기 때문에 여기서 그만두면 시골에서는 더 이상 갈 곳이 없었다. 시골은 원장님들이 모두 같은 학교 동기나 선배, 후배이기 때문에 이력서를 내보면 전 직장에 전화를 해서 그 사람에 대해 알아보기도 했다. 나는 이미 많은 직장을 옮긴 이력 때문에 기피대상이 될 수밖에 없다. 그래서 여기가 마지막이라는 생각이 들었다. 힘들어도 버텨야 했다. 더 이상 갈 곳이 없었다.

원장님은 나보다 한 살이 많은 분이었다. 그분의 열정은 대단했다. 처음에는 원장님의 열정을 따라가지 못했다. 왜 열정적으로 열심히 일해야 하는지도 몰랐다. 매일매일 같은 삶인데 저렇게 열정적으로 산다고 해서 뭐가 달라질까 싶었다. 원장님은 의욕적으로 다 같이 열심히 일하자는 마인드였는데 나는 그냥 주어진 업무만 꾸역꾸역 해내고 있었다.

나는 내가 따라가는 것보다 나한테 익숙해지기를 바라고 있었다. 비록 내가 고용된 피고용인이긴 했지만 원하는 대로 따라가 주긴 싫었다. 그때의 나는 정말 꼬여 있었다. 사는 게 뭐 하나 쉬운 게 없었고, 나만 이 세상에서 힘든 것 같다는 생각을 하고 살았다. 나만 힘들다는 생각에 의욕도 없었다. 그러니 사람들에게 친절하지 않았다.

말투는 퉁명스럽고 칭찬도 할 줄 모르고 배려나 이해심도 없었다. 상대방의 기분을 맞춰주지도 않았다. 내 감정이 우선이었다. 내가 이렇게 행동하는데 상대방이 나를 좋아해줄 리 만무했다. 그러면서도 나는 사람들과 세상을 탓하고 있었다. 악순환의 연속이었다.

열심히가 최선이 아니다
방법을 알아야 한다

그러나 나는 한 권의 책을 만나 변하기 시작했다. 데일 카네기의 『인간관계론』이다. 이 책은 나에게 혁명적인 시선과 생각을 알려줬다. 나는 지금까지 나만 이 세상의 피해자라며 소리 없는 외침을 외치고 있었다. 내 잘못은 없는데 왜 나를 힘들게 하냐고, 그만 괴롭히라고 외치고 있었다. 그런데 그게 아니었다. 문제의 원인은 나한테 있었다.

세상을 살아가는 모든 사람이 크고 작은 문제들을 안고 산다. 문제가 있어도 문제에 굴복하지 않고 앞으로 나아가 문제를 해결하는 사람이 있는가 하면 문제에 파묻혀 헤어 나오지 못하고 문제를 끌어안고 피해자 코스프레를 하고 사는 사람도 있다. 내가 그랬다. 나는 문제를 끌어안고 살면서 피해자 코스프레를 하고 살고 있었던 것이다. 문제의 원인을 내부에서 찾지 않고 외부의 잘못으로만 돌리고 있었던 것이다. 『인간관계론』은 이런 나에게 내 문제를 직시하고 파악하게 해주었던 것이다.

이 책에서 말하는 호감을 얻는 짧은 예화다. 어디론가 날아가는 까마귀 한 마리가 우연히 비둘기 친구를 만나게 되었다. 그들은 잠시 쉬어가기로 하고 나무 위에 내려앉았다. 비둘기는 지친 기색이 역력한 까마귀를 보면서 부드러운 목소리로 물었다.

"어디로 가는 거예요?"

까마귀는 씩씩대며 대답했다.

"사실 난 여길 떠나고 싶지 않아. 그런데 사람들이 내 울음소리를 싫어하니까 어쩔 수 없이 다른 곳으로 가는 거야."

이에 비둘기는 친절하게 충고해주었다.

"괜한 짓이에요. 당신 목소리를 바꾸지 않는다면 어딜 가도 마찬가지예요."

호감을 얻고 싶다면 지금의 태도를 먼저 바꿔야 한다.

내가 이 글을 읽었을 때 어땠을까? 나는 내 목소리를 바꿀 마음이 전혀 없었고, 바꿔야 하는지도 몰랐다. 그러면서 자꾸 사람들이 내 목소리를 싫어한다고 불평불만만 했던 것이다. 가히 충격적이었다. 세상에 이런 말이 있다. 상대방을 바꾸는 것보다 나를 바꾸는 것이 더 빠른 방법이라고.

그런데 지금까지 나는 내가 아닌 상대방을 바꾸려고 했고, 그랬기 때문에 더 힘든 나날을 보내고 있었던 것이다. "꿀을 얻기 위해서는 벌통을 차지 말라."라고 했는데 나는 꿀은 얻고 싶으면서 열심히 벌통을 차고 있었다. 그러면서 또 왜 나만 꿀이 없냐고 세상에 호소하고 있었다.

『인간관계론』을 읽으면서 나는 세상을 살아가는 방법과 인간관계에서도 방법이 있다는 걸 알게 되었다. 『인간관계론』을 읽으면서 나는 자기계발서에 빠지게 되었다. 여러 가지 자기계발서를 읽으면서 나의 무지함을 알게 되었다. 그 무지함들을 하나하나 깨트리면서 나는 성장해갔다. 그러면서 직장에서도 인정받기 시작했다.

내가 비록 직장인이지만 있는 동안에는 최선을 다해야 한다는 생각을 하게 되었다. 지금 최선을 다하지 않으면 그 어떤 일에도 최선을 다할 수 없는 것이다. 내 생각과 마인드가 변하면서 더 열심히 일했다. 열심히 최선을 다해 일했을 때 얻는 인정과 대가들을 보면서 보람과 희열도 느끼게 됐다.

나는 그 전에도 책은 읽었다. 주로 소설류로 재미 위주의 책들이었다. 그것은 그저 취미였지, 내 삶의 문제들을 해결해주는 방편이 아니었다. 그런데 자기계발서들을 읽으면서 지금까지 내가 힘들었던 인생의 문제점들을 알게 되었고, 그 문제점을 해결할 수 있는 방법도 알게 되었다. 그러면서 나는 자기계발서에 빠지게 되었다. 내 인생에서 빠질 수 없는 책 중 하나가 되었다.

인생의 어려움을 갖고 있는가? 그렇다면 그 어떤 종류의 책보다 자기계발서를 읽어보라고 권하고 싶다. 지금 가지고 있는 문제들을 해결해주는 방법들을 찾게 될 테니 말이다.

06

어디서든 책 속에 빠지다

책에 푹 빠지다

"쌤?"

"응? 어! 쌤 안녕이요."

"쌤은 출근길에도 책을 읽으면서 걸어요? 그러다가 사람들과 부딪혀서 다쳐요."

"응. 괜찮아. 다치지 않아."

아침 출근길에 같이 일하는 직장 동료를 만났다. 2010년쯤이다. 이때는 정말이지 책 읽는 것에 미쳐 있다고 해도 과언이 아니었다.

이때는 내가 경매를 하고 있는 중이었다. 그러나 보니 해야 할 공부들이 많았다. 그동안 전혀 몰랐던 은행의 금리라든가 경제 동향이라든가 아파트 시세라든가 부동산 세무적인 부분이라든가 모든 것을 공부해야 했다. 물론 맡기면 다 알아서 해주는 문제들이지만 내가 조금이라도 알고 있으면 좋을 것 같아서 시간이 날 때 틈틈이 공부를 했다. 경제적인 공부 외에도 나에게 힘을 주는 책들을 즐겨 읽었다. 한번 손에 책을 잡으면 놓을 수가 없었다. 특히 출퇴근이나 약속 장소에 가기 위해 지하철을 타면 그곳은 나한테는 더할 수 없는 책 읽기 장소가 되었다. 붐비는 지하철 안에서 덜컥거리는 약간의 흔들림과 소음이 나에게는 최고의 집중력을 주는 곳이었다.

많은 사람들이 책 읽는 것에 회의적이다. '매일 책을 읽어야 할까? 그냥 하루에 몰아서 읽으면 안 되나? 왜 책을 읽어야 하지? 시간도 없는데.'라고 생각하는 사람들이 많다. 그들 중에는 책을 읽더라도 지금 당장이 아니라 시간이 나면 주말에 카페에 가서 여유롭게 읽고 싶어 한다. 그런데 과연 이런 생각을 하는 사람 중에 몇 명이나 주말에, 시간이 날 때 책을 읽겠는가?

책 읽기는 습관이다. 습관이 되지 않으면 아무리 시간이 많아도 손에 책을 잡을 수 없다. 우리가 악기를 배운다든가, 영어 회화를 공부한다든가, 운동을 하더라도 매일 꾸준히 하는 것이 중요하다. 독서도 그러하다. 매일 조금씩이라도 읽으면 습관이 되고 그 습관이 내 인생의 앞날을 만들게 된다.

본격적으로 자기계발서들을 읽기 시작하면서 나는 독서의 매력에 푹 빠졌다. 나에게 인생의 지혜와 방향을 제시해주고 해결 방법도 알려주니 더할 나위 없이 책 읽기가 좋았다.

어떨 때는 밥 먹는 시간도 아깝다는 생각이 들었다. 그때는 아침에 일어나면 씻고 바로 책상 앞에 앉아 책을 봤다. 밥 먹을 시간이 되면 최대한 빨리 먹고 출근하기 1초 전까지 책을 읽었다.

또 어느 날은 책이 너무나 읽고 싶어서 7시쯤 출근해서 내가 해야 할 일을 얼른 해놓고 다른 직원들이 출근하기 전까지 책을 읽었다. 보통 출근 시간이 9시까지였다. 직장 동료들이 출근해서 본인의 맡은 일을 정신없이 처리하고 있을 때 나는 여유롭게 직장인의 하루를 시작할 수 있었다.

"언니, 언니는 아침 진료 준비 안 해?"

"난 벌써 해놨어. 아침에 좀 빨리 나왔거든."

"그래? 몇 시에 나왔는데 벌써 다 해놨어?"

"7시쯤 왔나?"

직장 동료들은 이런 나를 이해할 수 없다는 표정으로 바라보았다. 하지만 나는 그 시간이 너무나 꿀맛 같은 시간이었다. 나 혼자만의 시간을 온전히 책과 함께할 수 있었기 때문이다. 다른 사람보다 여유롭게 하루를 시작할 수 있어서 일의 능률도 더 좋아졌다. 그로 인해 직장에서도 인정을 받기 시작했다. 책을 읽으면서 나는 살맛 나는 인생을 살기 시작한 것이다.

시간이 없어 책을 못 읽는다고?

나는 책 읽는 데 시간이 없다는 핑계를 대본 적이 없다. 책을 읽자면 읽을 장소와 시간이 넘쳐 났기 때문이다. 직장에서도 책은 항상 내 옆에 있다. 일을 하다 좀 한가해지는 시간이 되면 나는 여지없이 책을 펼쳤다. 그렇지 않으면 남는 시간에 의미 없는 수다를 떨 텐데 나는 책을 읽으면서 의미 있게 시간을 보냈다. 출퇴근할 때 지하철이나 직장으로 가는 길, 지인들과 약속 장소로 이동하는 시간, 기다리는 시간, 만나러 가는 길에서도 나는 책을 펼치고 읽었다.

직장에서 한번은 이런 적도 있다. 그때도 한참 바쁘게 일하다가 잠깐 한가해질 때가 있었다. 우리는 한숨 돌리려 자리에 앉았다. 나는 바로 책을 들었다. 그러자 직장 동료가 이렇게 말했다.

"쌤, 또 책 읽어? 책 읽지 말고 좀 쉬어."

"응. 그런데 나는 책 읽는 게 쉬는 건데."

"책 읽지 말고 나랑 얘기하자. 응?"

나는 살며시 웃으며 눈길을 다시 책으로 두었다. 직장 동료는 뾰로통하면서도 어쩔 수 없다는 표정이었다.

사람들은 보통 시간이 없어서 책을 못 읽는다고 한다. 하지만 나는 직장인이 책 읽기에 가장 좋은 부류라고 생각한다. 나는 지금도 직장인이지만 한때는 직장을 다니지 않고 백수였던 시절도 있었다. 백수였던 시절에는 오히려 책을 덜 읽었던 것 같다. 직장 다닐 때보다 남아도는 게 시간이다. 하루 24시간을 내가 마음대로 쓸 수 있으니 마음만 먹으면 책을 언제든지 읽을 수 있다. 하지만 이건 오산이다. 시간이 남아도니 오히려 마음이 느슨해져서 책을 제대로 읽을 수 없었다. 남는 시간에 친구와 약속도 잡고 집안일도 하고 잠깐 운동이라도 하고 나면 하루가 금세 가버린다. 그러면 집중해서 책을 읽을 시간이 오히려 적다.

직장을 다니면 한정된 시간에 책을 읽어야 해서 틈틈이 나는 시간이 그렇게 고마울 수가 없다. 그 시간을 헛되이 보내지 않고 책을 더 집중해서 읽을 수 있다. 그러니 직장인이 책을 읽게 되면 더 집중해서 독서를 하고 더 발 빠른 인생의 도약이 가능하다.

세계 1위 부자이며, 엄청난 기부를 하는 빌 게이츠도 아주 바쁠 것이다.

그는 우리보다 바쁘면 바빴지 더 한가하진 않을 것이란 말이다. 빌 게이츠뿐만이 아니다. 중국을 통일한 마오쩌둥, 바락 오바마는 시간이 남아도는 사람들일까?

그런데도 빌 게이츠는 연간 50여 권의 책을 읽는다고 한다. 마오쩌둥은 죽는 순간까지 책을 읽었다고 한다. 버락 오바마도 굉장한 독서가로 유명하다. 이렇듯 세계의 리더(leader)들은 모두 리더(resder)였다. 이들은 시간의 여유가 있어서 책을 읽었다고 생각하는가? 아니다. 시간을 만든 것이다.

누구에게나 24시간이 똑같이 주어진다. 하지만 누군가는 48시간, 72시간처럼 쓰는 사람이 있는가 하면 또 다른 누군가는 그 24시간도 제대로 쓰지 못하고 흘려보내고 있다.

주어진 시간을 어떻게 보내느냐에 따라 미래가 달라지는 건 분명한 사실이다. 그러니 시간이 없다거나 꼭 카페에 가서 읽어야 한다는 고정 관념은 버려라. 시간과 장소에 얽매이지 않고 읽는 습관을 들여야 한다. 고정 관념을 버리고 마음을 어떻게 먹느냐에 따라 어디서든 얼마든지 책을 읽을 수 있다. 시간과 장소에 구애받지 않고 책을 읽는 것은 그 간절함이 묻어나는 것이다. 그 간절함이 언제 어디서든 읽게 만드는 것이다. 그래서 나는 시간, 장소, 때를 가리지 않고 어디서든 책을 읽고 또 읽었다.

07

아침부터 저녁까지 책, 책, 책!

어디서든 독서는 가능하다

지금 대한민국 현재를 살아가는 사람들은 정말 열심히 산다. OECD 국가의 일하는 통계만 봐도 대한민국 사람들이 얼마나 열심히 일을 하는지 알 수 있다. OECD 발표에 따르면 멕시코 다음으로 우리나라가 가장 많이 일하는 나라라는 것을 알 수 있다.

직장인의 하루 시작의 패턴은 아침 6~7시에 기상해서 1~2시간의 출퇴근을 하기 위해 이동하며 평균 8시간의 근무를 해야 하며 저녁 5~6시쯤에는 퇴근을 한다. 때때로 야근을 하는 직업군도 있다. 개인에 따라 조금씩은 다를 수 있지만, 대부분은 비슷한 패턴일 것이다. 그렇다면 우리는 언제 독서를 하는가? 아침에? 출퇴근 버스나 지하철 안에서? 점심시간에? 퇴근하고 나서? 아니면 너무 바빠서 독서할 시간이 없다고?

많은 사람들이 출퇴근이나 이동하기 위해 지하철, 버스 같은 대중교통을 이용하거나 자가용을 이용한다. 이동하는 시간에 사람들은 유튜브나 SNS, 게임을 하고 있다. 물론 좋은 영상들도 많이 있지만 시간을 무의미하게 보내는 경우가 대부분일 것이다. 특히나 요즘은 스마트폰을 많이 하기 때문에 책을 들고 다니면서 읽는 사람을 보기가 하늘의 별 따기보다 힘들다. 어떤 사람들은 e-book을 보는 사람들도 있지만 나는 전자책을 보는 것을 그다지 좋아하지는 않는다.

2007년쯤부터 나는 때와 장소, 시간을 가리지 않고 책을 읽었다. 그때는 정말 치열하게 미치도록 책을 읽지 않았나 싶다. 독서의 매력에 흠뻑 빠져 손에서 책을 놓을 수 없었다. 인터넷 서점에서 한 달에 2번 정도 책을 주문했다. 한 번에 시킬 때 5권 이상씩 주문했던 것 같다. 그러면 그렇게 뿌듯할 수가 없다. 다 읽어야 한다는 의무감도 생긴다.

내가 책을 주문해서 직장으로 택배가 오는 날이면 직장 동생들은 이렇게 물어보기도 한다.

"언니, 또 책 시켰어? 그 많은 책들 언제 다 읽어?"

나는 책이 쌓여 있으면 흥분이 된다. 저 책들을 읽으면서 새로운 세계를 만나고 새로운 것을 알게 되며 내가 성장해 있다는 것을 느끼기 때문이다. 독서하는 습관은 이미 내 삶의 일부분이 되었기 때문에 읽는 것에 부담은 없었다. 쌓여 있는 책들을 보면 한 권을 다 읽고 다음 책을 읽고 싶어서 아침에 눈 뜨고 나서부터 저녁에 눈 감을 때까지 책을 봤다. 나에게 시간과 장소는 중요하지 않았다. 오직 읽는 것이 행복이고 기쁨이었다.

우리는 매일매일 바쁘고 치열하게 산다. 어제도 바빴고 오늘도 바쁘고, 내일도 바쁠 것이다. 하물며 TV나 스마트폰을 하는 순간에도 바쁘다. 심지어 멍하니 있을 때도 바쁘다는 생각을 한다. 세상이 온통 바쁜 일뿐이다.

시간은 상대적이라고 생각한다. 똑같이 주어진 24시간이라 해도 누군가는 48시간처럼, 누군가는 72시간처럼, 누군가는 12시간처럼 사용하고 산다. 이들 중 가장 바쁘다고 말하는 사람은 시간을 12시간처럼 쓰는 사람이다. 왜 그럴까? 그들은 시간을 밀도 있게 쓰지 못하고 느슨하게 흘려보내기 때문이다. 그저 마음만 바쁠 뿐이다.

내가 지금보다 책에 미쳐 있을 때는 시간을 밀도 있게 썼다. 1분 1초가 아까웠다. 책을 읽기 위해 얻을 수 있는 시간이란 시간은 모두 이용했다. 새벽에 일어났고 한번 읽은 책을 손에서 놓을 수 없을 때는 잠을 2시간만

잔 적도 있다. 어떨 때는 하루에 한 권을 독파하기도 했다. 책을 더 많이 읽고 싶어서 속독법을 배우고 싶기도 했다. 그런데 그건 나에게 크게 필요하지 않았다. 한번 몰입해서 읽으면 잠을 줄여가면서도 책을 읽었기 때문이다.

나를 바꾸는 최고의 도구는 책이다

가끔 직장에서 오늘 읽은 책과 다른 책을 들고 내일 가서 읽으면 이렇게 물었다.

"언니, 어제 읽은 책 벌써 다 읽었어? 언제 다 읽었대?"
"그 두꺼운 책을 벌써 읽은 거야?"
"언니, 정말 책 많이 읽는다."
"언니, 저녁에 잠 안 자?"

책 읽을 시간이 부족하다고 느끼면 평소보다 출근을 더 일찍 하기도 했다. 출근하기 위해 걸어가는 시간이나 지하철을 타고 이동하는 시간이나 직장에서 틈틈이 나는 시간에는 어김없이 책을 읽었다. 어떨 때는 퇴근도 늦게 하고 조용히 책을 읽고 집에 가는 날도 많았다. 이상하게도 읽는 책이 많아질수록 읽어야 할 책도 많아졌다. 책이 책을 낳은 것이다.

조지 버나드 쇼의 묘비명에는 이런 글이 적혀 있다고 한다. “우물쭈물하다가 내 이럴 줄 알았지.”

멋진 말이지 않은가? 할까 말까. 읽을까 말까. 고민하다가는 결국 아무것도 못 한다는 말이다. 나는 이 글을 접하고 나서는 지금을 후회하고 싶지 않았다. 사람마다 시기가 있다. 나는 그때가 책 읽기를 치열하게 해야 하는 시기였던 것이다.

나도 처음부터 책을 치열하게 읽은 것은 아니다. 책을 읽게 되면서 예전과는 다르게 변해가는 내 모습을 발견하고 성장해가는 모습을 주변에서 알아주면서 책에 더 빠져들었다.

“수미야, 너 예전보다 성격 많이 부드러워졌다.”

“예전에 너 같았으면 화냈을 텐데 왜 화 안 내?”

“최수미, 많이 변했는데?”

부끄럽지만 변화된 나에게 친구들은 이렇게 말했다. 예민해서 짜증이 많은 성격이었던 터라 내가 변해가는 모습을 보고 친구들은 칭찬 섞인 어조로 말해준 것이다. “책은 내면을 깨뜨리는 도끼다.” 프란츠 카프카의 말이다. 나는 책을 읽으면서 내면의 고정 관념을 깨트리고 있었다. 그리고 사회에서 교육받았던 전통, 인습, 관습 등을 깨트리고 나아가 있었다.

어렸을 때는 부모님의 불화나 우리 집 형편이나 가족들의 이야기를 아무에게도 말하지 못했다. 부끄럽고 창피했다. 친구들에게 말하는 것은 더욱더 자존심이 상했다. 책을 읽으면서 상대방의 말에 귀를 기울이고 잘 들어주고 같이 고민해주고 조언도 해줄 수는 있지만, 내 문제나 고민을 다른 사람에게 털어놓지는 못했다. 그런데 언제부턴가는 내 일상이나 있었던 일도 다른 사람들에게 편하게 이야기하고 있다. 이것 또한 책을 통해 배운 것이다.

어차피 사람들의 기억력은 오래가지 않는다. 그리고 생각보다 남의 일에 크게 관심을 갖거나 오래 기억하지 않는 것을 알았다. 밤낮으로 치열하게 책을 읽으면서 내 의식이 달라졌고 인생이 조금씩 가벼워지기 시작했다. 무겁게 사는 것만이 인생을 의미 있게 사는 것이 아니라는 것을 알게 되었다. 조금은 털어내고 놓아버리고 가볍게 살아가는 것도 행복하고 좋은 인생이라는 것을 알게 되었다.

책은 나에게 없어서는 안 될 존재이다. 서툴고 부족한 나를 하나하나 채워주면서 온전하게 만들어주었기 때문이다. 책을 읽는 데는 습관이 중요하다. 처음부터 많이 읽을 필요는 없다. 다만 매일매일 꾸준히 10분, 20분, 30분씩 읽다 보면 어느 순간부터 내 손에 책이 있을 테고 몰입해서 책을 읽고 있는 나를 발견할 것이다. 내가 아침부터 저녁까지 책을 읽게 된 것도 습관의 힘에서 나온 것이다. 한번 들인 습관은 쉽게 무너지지 않는다.

책 읽는 습관은 그 어떤 즐거움보다 내 인생에 행복함과 성취감을 주었고 성공의 길로 안내해주었다. 여러분도 책을 읽으면서 내가 느꼈던 행복함과 성취감, 성공을 맛보라고 권하고 싶다. 나는 그 길로 가보았고 경험해보았기 때문에 가보라고 당당히 말할 수 있다.

08

행동하고 변화하는 기쁨을 알다

인생을 바꿔주는 가장 빠른 방법은 독서다

세계에서 가장 큰 도시락 회사를 만든 김승호 회장이 있다. 그의 저서 『생각의 비밀』에서는 독서의 중요성을 이렇게 강조했다.

"성공하는 사람들은 성공할 수밖에 없는 배경을 가지고 있다. 이 배경에 흔히 빽이라고 불리는 부모의 자산 등은 포함되지 않는다. 대부분 성공한 사람들의 유사점은 놀랍도록 일치한다. 성공한 사람들의 가장 일반적인 습관은 독서이다. 무려 88% 이상이 하루에 30분 이상의 독서를 즐긴다.

반면 가난한 사람들은 2%만이 독서를 즐긴다.”

가난하고 아무도 알아주지 않는 실패자와 같은 인생에서 성공자, 세상에서 알아주는 사람, 존경받는 위대한 사람으로 인생을 바꾼 사람들 모두 독서하는 습관이 있다. 그들의 처참하고 비참한 인생을 눈부시게 밝혀준 최고의 방법은 바로 독서였다. 나의 인생도 그렇다. 인생을 바꿔주는 가장 효과적이고 빠른 방법은 바로 독서였다.

자기계발서를 읽기 시작하면서 내 생각은 커지고 있었다. 남의 밑에서 평생 힘들게 일하면서 월급을 받으며 사는 인생이 답답하게만 느껴졌다. 물론 사회 초년생이었을 때도 나는 직장인으로 살아가기 싫었다. 그때는 처음 시작하는 사회생활이라 적응하기도 힘들어서 직장에 다니는 것이 싫었지만 자기계발서를 읽기 시작하면서부터 내 일을 하고 싶었다. 적은 월급을 받으면서 나의 시간과 자유를 빼앗기는 것이 아니라 돈을 많이 벌면서 나의 시간과 자유를 찾고 싶었다. 책은 경제적 자유를 얻으면서 자신의 시간과 자유를 얻을 수 있다고 이야기하고 있었다. 나는 그 방법이 무엇인지 궁금했다. 책을 읽으면서 머릿속으로 그 방법이 무엇일까를 항상 생각하고 원했다.

30살 초반 늦은 나이에 서울로 이직을 했다. 시골의 마지막 직장에서 내가 계획한 대로 5년을 채웠고, 최선을 다해 일한 덕분에 원장님은 내가 그만두는 것을 만류했다. 주변 병원에서는 나에게 스카우트 제의를 하기도 했다. 말 그대로 박수를 보낼 때 떠난 것이다. 하지만 내 마음속에서는 더 큰 세상으로 나가라고 말하고 있었다. 더 큰 기회를 잡고 싶었다.

진정한 독서는 행동하는 것이다

서울에서 직장을 다니면서도 나는 꾸준한 독서를 하고 있었다. 그러다 우연히 경매 책을 읽게 되었다. 박수진 저자의 『나는 쇼핑보다 경매투자가 좋다』였다. 책을 읽으면서 내가 그동안 찾아 헤매던 경제적 자유를 얻는 방법을 찾은 듯했다. 나는 속으로 '유레카'를 외쳤다. 저자는 가난한 가정 환경 속에서 자랐다. 저자는 어려운 가정 형편에 역경을 이겨내고 경매로 경제적 자유를 얻은 사례들을 세세하게 적어놓았다. 책은 저자가 처음 경매를 시작할 때 돈이 없어서 어렵게 마련한 300만 원으로 시작하여 자산을 일군 스토리를 담고 있었다. 나는 '이것이다' 싶었다. 나는 저자보다 200만 원이나 많은 500만 원이 있었다. 책을 읽고 바로 저자에 대해 검색을 한 후 1일 특강을 듣게 되었고 과정을 등록했다.

나는 필이 꽂히면 바로 행동하는 행동파다. 저자도 해냈기 때문에 나도 할 수 있다는 자신감이 나를 자극하고 있었다. 경매로 내가 경제적 자유를 얻을 수 있다는 생각을 하니 설레고 행복했다.

과정을 등록하고 참 열심히 공부하고 물건을 찾아다녔다. 남들보다 가진 종잣돈이 작았기 때문에 더 열심히, 부지런히 물건을 찾아다닐 수밖에 없었다. 그때는 천안, 부천, 인천, 김포, 파주. 서울 화곡동, 신월동, 공항동, 의정부, 철원 등. 내가 입찰할 수 있는 곳은 어디든지 다녔다.

경매는 열심히 하면 수익이 전부 나의 것이기 때문에 열심히 하지 않을 이유가 없었다. 피곤함도 몰랐다. 열심히 한 만큼 온전히 나의 것이 된다는 것이 희망을 주었다. 직장을 다니면서 공부를 해야 했기에 직장이 끝나는 저녁 늦은 시간까지 조사를 하고 다녔다.

1년 정도 열심히 한 결과 파주와 김포에 위치한 빌라를 낙찰받았다. 김포 빌라는 기존의 세입자에게 월세를 줬고, 파주에 있는 빌라는 1년 정도 세를 줬다. 그러다가 아픈 오빠가 서울로 이사를 오고 싶어 해서 파주 집으로 이사를 오게 되었다. 내가 경매를 배우지 않았다면 엄마와 오빠는 지하 월세방을 전전하고 다녔을 것이다. 생각만 해도 끔찍하다. 나는 책을 읽고 경매를 배우기를 잘했다 싶었다.

지금 나는 파주의 30평대 아파트에 살고 있다. 2018년 아파트를 사서 이사를 왔다. 너무나 만족스럽다. 우리 가족은 여태까지 살면서 가장 넓은 집에서 살고 있다. 나는 책을 읽으면서 서서히 경제적 자유를 맛보고 있다.

사람이 인생을 살아가면서 아무런 문제가 없을 수가 있을까? 나는 살아오면서 친구들에 비해 많은 문제를 만났다. 부모님의 가정불화, 가난, 오빠에게 찾아온 병마, 사회생활을 시작하면서 적응하지 못해 부딪히는 문제들. 나에게서 문제들은 떠나지 않는 거머리 같았다. 나는 독서를 통해 거머리 같은 문제들을 이겨내고 세상의 빛을 향해 가고 있다.

나는 얼마 전에 기하급수적으로 성공할 수 있는 방법을 알게 되었다. 우연히 유튜브에서 '김도사TV'를 시청하게 되었다. 김도사는 〈한국책쓰기1인창업코칭협회(이하 한책협)〉를 운영하는 김태광 대표이다. 그는 작가이자 책 쓰기 코치이자, 강연가이면서 100억 원대 자산가이다. 유튜브를 통해 알게 되었고 그에 대해 궁금해서 그의 저서들을 읽어보기 시작했다. 『100억 부자의 생각의 비밀』, 『내가 100억 부자가 된 7가지 비밀』, 『신용불량자에서 페라리를 타게 된 비결』을 읽었다. 책에서 나는 엄청난 동기 부여를 받았다. 바로 1일 특강을 듣고 지금 책 쓰기 과정을 듣고 있다.

나는 책은 거짓말을 못 한다고 생각한다. 책 안에서 김도사는 말한다. "이제는 독자에서 저자의 삶을 살아야 한다." "유명해서 책을 쓰는 게 아니라 책을 써서 유명해진다." 맞는 말이다 싶다. 내가 비록 경매를 배우긴 했지만 나는 더 큰 경제적 자유를 누리면서 시간적 자유도 누리고 싶었다. 그러기 위해서는 저자가 되어야겠다고 생각했다. 저자가 되어 1인 지식 창업가가 되는 것이다. 그래서 나는 지금 작가의 삶을 살기 위해 책을 쓰고 있다. 나는 또 다른 밝은 빛을 향해 나아가고 있는 중이다.

워런 버핏, 빌 게이츠, 스티븐 잡스, 손정의, 마윈, 마크 저커버그, 래리 페이지, 세르게이 브린 등. 그들 모두는 아무리 바빠도 손에서 책을 놓지 않았고 심지어 독서 주간을 만들어 책을 읽을 정도로 독서광이고 독서의 중요성을 아는 사람들이다. 독서를 통해 영감을 받고 성공한 사람들이다. 독서야말로 그 어떤 것보다 인생을 바꾸는 강력한 무기가 될 수 있는 것이다.

지금 이 글을 읽고 있는 여러분도 지금과는 다른 인생을 살기 원할 것이다. 그렇다면 책을 읽고 책이 시키는 대로 하라고 말해주고 싶다. 나 또한 책이 시키는 대로 했더니 과거의 불안과 가난의 장벽이 서서히 무너지는 경험을 했다. 책은 여러분 사고의 깊이와 크기를 확장시켜줄 것이다. 그리고 성공의 길로 안내해주는 안내자 역할을 기꺼이 할 것이다. 책이 안내하는 그 길은 실패자의 생각을 버리게 하고 긍정의 에너지로 채워주면서 당신의 인생을 빠르고 효과적으로 성공에 도달할 수 있게 할 것이다. 당신의 인생을 바꾸는 최고의 도구는 독서이다. 그 독서의 세계에 기꺼이 빠져보라고 강력히 권하고 싶다. 책을 읽고 받은 영감으로 시키는 대로 하면 성공은 이미 당신 앞에 다가와 있을 것이다.

책이 시키는 대로 따라간

성공자들의 이야기 ④

외과의사 벤 카슨

세계 최초 샴쌍둥이 수술에 성공하다

공부를 싫어하고 공부에 전혀 관심이 없던 아이가 책을 읽으면서 인생이 바뀐 예화가 있다. 세계 최초로 샴쌍둥이 수술에 성공한 의사 벤 카슨이다.

초등학교에 입학한 그는 기초 학습이 되어 있지 않아서 다른 아이들을 따라갈 수 없어 전교 꼴찌를 했다. 보다 못한 그의 어머니가 한 가지 제안을 했다. 식모로 일하면서 여러 집을 다녀 본 결과 사회적으로 존경받는 집안은 조용하고 책을 읽는 분위기였고, 그렇지 않은 집안은 시끄러웠다. 그래서 독서하는 습관을 갖도록 한 것이다. 그녀는 아이들에게 도서관에 가서 어떤 책이라도 상관없으니 일주일에 2권씩 읽게 했다.

어느 날 선생님이 수업 시간에 암석 3개를 학생들에게 보여주면서 무슨 암석인지 대답해보라고 했다. 그는 손을 번쩍 들었다. 선생님이 앞에 나와서 알아맞히라고 하자 아주 쉽게 암석들의 이름을 알아맞혔다. 어떻게 알았냐고 묻자 "도서관에서 책을 보고 공부해서 알았다."라고 했다. 그리고 수업 시간에 반 친구들 앞에서 암석에 대해 강의했다. 처음으로 선생님과 친구들에게 인정받자 기뻤던 그는 독서의 가치를 깨닫기 시작했다.

그 후로 초등학교 1학년 교과서를 읽기 시작했고, 2학년, 3학년 교과서를 모두 읽었다. 그러자 선생님의 수업이 조금씩 이해되었다. 그는 다음 해에 반에서 1등을 했다. 심지어 고등학교를 우수한 성적으로 졸업했다.

결국 의대에 진학한 그는 30대 초반에 존스홉킨스대학의 신경외과 과장이 되었다. 그가 바로 세계 최초로 머리가 붙은 샴쌍둥이 수술에 성공한 의사 벤 카슨이다. 이 모든 것을 가능하게 한 것은 바로 독서의 힘이다. 독서는 꼴찌를 1등으로 만들어준다.

– 박노성, 『나는 이기적으로 읽기로 했다』

벤 카슨은 한때 트럼프를 누르고 공화당 대통령 후보 1위를 하기도 했다. 어머니의 조언이 아니었다면, 그가 도서관에 가지 않았더라면, 그는 인정의 기쁨을 누리지 못했을 것이고 학교에서 공부할 생각도 하지 않았을 것이다. 독서의 힘으로 그의 인생은 새롭게 된 것이다.

3장

책 속에 모든 고민의 답이 있었다

01

책 속에서 삶의 지혜를 발견하다

"저자의 지혜가 끝나는 곳에서 우리의 깨달음이 시작된다. 그것이 바로 독서다." 프랑스의 소설가이자 철학자, 교수인 장 그르니에가 말했다.

사람들은 인생 문제 해결을 위해 어떤 방법을 찾을까? 어떤 사람은 주위 사람들에게 물을 것이고, 어떤 사람은 멘토를 찾을 것이다.

내가 인생의 문제를 해결할 때 찾은 방법은 책이었다. 책은 내가 원하는 장소와 시간에서 언제든지 만날 수 있다. 시간과 장소에 구애받지 않는다. 동서고금의 훌륭한 사람들의 조언을 다 들을 수도 있다. 이 얼마나 훌륭한 문제 해결사인가.

나는 인생의 고민이나 문제가 있을 때 다른 사람에게 나의 고민과 문제점들을 막 털어놓고 하소연하지 못한다. 자라온 환경 탓이 컸으리라 생각된다. 집안에서 비록 막내로 태어났지만, 언니는 일찍 집에서 독립했고, 오빠가 있었지만 오빠와 마음 놓고 털어놓을 사이는 아니었다. 부모님께 물어봐도 모르는 문제들도 있었지만, 물어보면 옆에 와서 시끄럽게 한다고 꾸중만 하셨다. 그러면서 자연스럽게 혼자 고민하고 생각하는 날들이 많아졌다.

나 혼자서 스스로 생각하고, 질문하고, 또 생각을 하다 보면 언젠가는 갑자기 문제에 대한 해결책이라든가 방법이 불쑥 튀어나왔다. 나는 나 혼자 이렇게 스스로의 문제들을 해결해서 인지 더더욱 주변에 내 문제에 대해 털어놓기가 힘들었다. 가끔 정말 힘들어서 고민을 털어놓으면 주변에서는 별거 아니라는 듯 이렇게 말했다.

"별 문제 아니네. 그냥 신경 쓰지 마."

"수미야, 그건 별것 아냐. 내 얘기 들어볼래? 난 더 해."

이런 반응들이 돌아왔다. 그러면서 나는 생각했다. 나는 죽을 것 같이 힘든 문제여도 타인에게는 별거 아닌 문제였던 것이다. 내 문제를 별거 아닌 문제로 취급하는 주변의 반응에 내심 실망스럽기도 하고 무심한 반응에 내 고민을 털어놓지 않았다. 내 문제를 털어놓는 것 자체가 창피하기도 했고, 나의 고민으로 상대방의 시간을 뺏는 것도 미안했기 때문이다. 어차피 본인의 문제에 대한 답은 스스로가 가장 잘 알고 답도 가지고 있다. 가만히, 조용히 그 문제를 들여다보면 답이 보인다. 나로 인한 문제는 내가 가장 잘 안다. 그래도 가끔은 힘들어 죽겠다고 자신의 고민을 자연스럽게 털어놓는 사람들을 보면 내심 부럽기도 하다.

나도 유일하게 나의 고민과 문제점을 마음 놓고 털어놓는 친구가 있었다. 그건 바로 책이었다. 책은 언제든지 자기를 찾으라고 말해주었고, 진심을 다해 들어주었고, 해결책도 제시해주었다. 책 속에는 모든 문제의 해결책이 들어 있었다. 나는 문제에 봉착할 때마다 세상을 열심히만 살아간다고 해결되는 것이 아니라는 것을 알게 되었다.

"열심히 살아라."
"남한테 피해 주지 말고 살아라."
"남의 밑에서 일하면서 욕먹지 말고 일해라."
"실수하지 마라."
"열심히 일해라."

나의 부모님은 항상 '열심히'만 강조하셨다. 이런 부모님의 말씀에 나는 열심히 하면 지금 보다 나은 삶을 살 수 있을 것이라 믿었다. 그런데 사회생활을 해보니 '열심히'가 정답이 아니었다. '열심히'는 가장 기본이 되는 밑바탕이었다. 아무리 내가 열심히만 한다고 해서 사회에서 인정받거나 성공자의 길을 걷는 것이 아니었다.

부모님은 기본 성정이 착한 분들이다. 남한테 아쉬운 소리도 못 한다. 남에게 부탁도 못 하고, 실수도 하지 않으려 애쓰는 분들이다. 그리고 일을 할 때는 꾀부리지 않고 정말 내 일같이 일을 하는 분들이다. 남들에게 욕을 하거나 싫은 소리도 못 하신다. 본인 속으로 삼키고 만다. 이런 분들이 우리에게 해줄 수 있는 말은 그저 '열심히'였다.

책 속의 지혜를 만나다

사회생활을 시작하면서 직장 동료들과 어울리는 것이 힘들었다. 그렇다고 내가 따돌림을 당한다거나, 따돌림을 했다는 뜻이 아니다. 그저 나랑 맞지 않는 사람들과 하루 8~9시간 가까이 함께 있어야 한다는 것이 힘들었다. 나는 왜 그들과 맞지 않다고 생각했을까?

나는 성격이 강한 편이었다. 융통성도 없고, 잔꾀를 부린다거나, 사람을 기분 좋게 말하는 아부성 발언도 못 했다. 항상 웃는 얼굴도 아니었다. 동료 중에 항상 웃는 선배가 있었는데 나는 그 선배를 볼 때마다 속으로 생각했다.

'저 언니는 뭐가 좋아 맨날 웃고 다닐까?'

나도 웃을 일이 있으면 웃었지만, 얼굴이 항상 밝게 빛나는 웃는 상은 아니었다. 내 성격이 이러니 사람들과 알게 모르게 부딪치는 부분도 있었고, 신경전도 만만치 않았다. 이게 직장 동료 사이에서만 생기면 다행인데, 상사와도 대립각을 세웠다. 내가 굽혀야 하는 것을 쉽게 굽히질 못했다. 나는 유연함이 없이 그저 단단하기만 했다. 그러니 유연할 것 같으면서도 단단하기만 하는 나는 뾰족하기 그지없었다.

이랬던 나도 책을 읽으면서 변화되었다. 열심히 일하는데 맨날 타박만 받고, 열심히 일하는데 더 열심히 잘하라고 하고, 열심히 일하는데 나보다 못한 동료를 더 좋아하고 인정해주고 이런 상황에서 책을 읽으면서 내가 취해야 할 부분이 있었다. 분명 나는 놓치고 있는 부분이 있었다. 나는 다른 사람을 이해하지 못했고 인정할 줄 몰랐다. 책을 읽고 누구나 다 실수하고 다를 수 있다는 것을 알게 되었다. 내 생각이 바뀌니 사회생활을 하는 데 어려움이 없었다. 나를 조금 내려놓으니 더 좋은 관계를 유지할 수 있었다.

책 속에는 인생의 모든 길이 담겨 있다. 우리가 살아가면서 문제없는 인생은 없다. 그런데 문제만 생각하고 문제에만 집중하면 문제에서 헤어 나올 수 없게 된다. 책을 읽다 보면 당연히 머리에 지식은 쌓인다. 머리에만 쌓이는 지식은 진정한 독서를 한 것이 아니다.

머리를 통해 가슴에 전해져 지혜로 남아야 진정한 독서를 한 것이다. 지식으로는 세상을 살아갈 수 없다. 물론 살 수도 있지만, 그건 단기간의 해결책이다.

우리가 살아가는 세상에는 지식으로만 해결되는 문제는 극히 적다. 지식보다는 지혜로 인생의 문제들을 헤쳐나가야 한다. 그러므로 지식을 쌓기 위한 독서는 희망이나 용기를 낳지 못한다. 책 속에 나오는 사람들의 인생에 대한 긍정적인 생각이나 꿈에 대한 의지는 얻지 못한다. 지식을 얻는 독서가 아니라 지혜를 얻는 독서로 인생을 긍정적으로 바라보는 생각과 자세를 배워야 한다.

머리로만 하는 독서가 아닌 가슴에 남는 독서가 진짜 지혜를 얻는 독서이다. 사람이 책을 읽고 바뀌는 것은 가슴이 뛰는 독서를 하고 깨달음을 얻었기에 가능한 것이다. 나도 그랬다. 읽고 마는 독서도 해봤다. 그런 독서는 책을 덮게 되면 잊어버리는 독서였다. 그런데 내 가슴을 울리는 독서는 나의 문제점을 다시 한 번 돌아보고 내가 나아가야 할 방향들을 제시해줬다. 좋은 관계는 그들을 인정하고 배려할 줄 아는 데서 시작하는 것이라고 나에게 말해주었다. 나는 책에서 알려주는 방법들을 현실에 적용하면서 삶의 지혜를 하나하나 터득해갔다.

진정한 독서는 나에게 지혜를 주는 독서이다. 그러면 내가 선택하는 책들도 달라야 한다. 그저 재미 위주의 책들이 아닌 자기계발서나 인문 고전이나 철학서를 읽어도 좋다. 내 생각이 바뀌는 독서를 해야만 내 생각의 그릇이 커지는 법이다. 크고 넓어진 내 생각의 그릇에 세상의 지혜를 마음껏 담아보자. 내 그릇에 담긴 세상의 지혜를 다른 사람들에게 나눠주는 선한 영향력을 주는 사람이 되어보는 것이다. 어떠한가? 생각만 해도 행복한 삶이지 않은가?

02

인생을 살아가는 방법은 따로 있다

이건 뭐지?

“훌륭한 책을 읽는 것은 거인들의 어깨 위에 앉아서 세상을 바라보는 것과 같습니다. 그 폭넓은 앎과 비범한 능력을 빌려 세상을 넓게 바라보고 이해할 수 있게 됩니다.” – 장석주

대학 친구 J가 있다. 그 친구는 참 이해심이 많은 친구였다. 어느 날 J가 집안 아시는 분이 식당 개업을 했다며 밥 먹으러 가야 한다고 나보고 같이 가자고 했다. 나는 부담스러워서 꼭 가야 하냐며 나는 안 가는 게 좋겠다고 말했다. J는 원래 부모님이 가셔야 하는데 부모님이 바쁘셔서 언니랑

자기가 가야 하는데, 나도 같이 가자고 졸랐다. 나는 마음이 불편했지만 어쩔 수 없이 같이 갔다.

막상 식당에 도착하니 친구 J의 언니와 엄마가 와 계셨다. 나는 인사를 드리고 음식이 나와 있는 식탁에 앉아서 음식을 먹었다. 그런데 음식이 내 입맛에 맞지 않았다. 웬만하면 음식을 타박하거나 가리지 않는 입맛인데 그곳 음식은 입맛에 맞지 않았다. 그런데 친구와 가족은 음식을 맛있게 먹고 있었다.

"음, 이거 진짜 맛있다. 이모."

"수미야, 이거 맛있다. 더 먹어."

"이모, 이거 어떻게 만들었어요. 진짜 맛있다."

"J야, 그거 먹지 말고, 이거 먹어. 음식 맛있네."

서로 이런 이야기를 주고받으면서 밥 한 그릇을 뚝딱 해치우는 게 아닌가. 연신 음식이 맛있다며 칭찬에 칭찬을 거듭했다. 나는 신기했다. '솔직히 맛이 없는데…. 저들은 맛있다고 저렇게 잘 먹는데 내 입맛이 이상한가?'라는 생각이 들었다. 결국 나는 밥을 반 공기밖에 못 먹었다.

모두 맛있게 먹었다고 인사를 하고 나오고 친구와 나는 함께 집으로 향하면서 내가 친구에게 물었다.

"J야, 아까 그 음식 맛있었어?"

"아니, 솔직히 말하면 별로더라."

"뭐? 근데 아까는 왜 맛있다고 말하면서 그렇게 열심히 먹었어?"

"야! 개업한 집이고, 부모님 아시는 분인데, 밥 먹으러 가서 맛없다고 하면 어떡하냐?"

"그럼, 언니랑 엄마도 진짜 맛있었을까?"

"아니, 내가 봐서는 엄마랑 언니도 반응이 별로야."

"뭐야?"

나는 신기했다. 어떻게 맛없는 것을 맛있다고 말하면서 먹을 수 있지? 이건 뭔가? 그 일이 나는 두고두고 생각이 난다. 그때는 몰랐지만, 그것이 인생을 현명하게 살아가는 방법이었다. 친구가 말했던 것처럼 처음 개업한 지인에게 음식이 맛없다고 말하면 그 얼마나 큰 실례인가. 음식 장사에 기본은 맛인데, 맛이 없다는 것은 곧 망한다는 말이나 다름없었던 것이다. 이게 그 친구와 나의 차이였다.

나는 에둘러 이야기하는 법을 몰랐다. 직설적이었다. 싫으면 싫은 것이고, 좋으면 좋은 것이다. 좋은 것을 싫다고, 싫은 것을 좋다고 이야기를 못 했다. 어쩌면 나의 이런 솔직함 때문에 본의 아니게 주위에 상처를 주는 일도 많았다. 나의 이런 성격으로 주변에서 상처를 받는다는 것도 몰랐다. 완전히 나 중심적인 사고방식을 가지고 살았던 것이다.

이런 성격이었으니 사회생활을 시작했을 때 얼마나 힘들지 안 봐도 빤하지 않은가. 태어나서 학교를 졸업할 때까지 내 중심적으로 살다 보니 내가 다른 사람을 신경 쓰고 배려해줘야 한다는 것을 몰랐다. 편협한 내가 책을 읽으면서 변하게 되었다. 그동안 나 중심적으로 살아오면서 나 때문에 상처받았을 친구들이나 가족에게 미안한 마음이 들었다. 하지만 과거는 이미 지나갔고, 현재를 잘 준비해서 과것 같은 만행을 저지르지 않으면 된다.

생각하는 인생을 살자

책은 사람의 생각을 변화시키는 강력한 도구이다. 책은 작가의 생각을 풀어놓은 것이다. 책을 읽으면서 작가의 생각과 나의 생각을 대비해가면서 작가의 생각도 관찰해보고 나의 생각을 대비해보고 서로의 생각을 비교해보는 작업이다. 그 과정에서 내 생각을 수정하고 보완하는 작업을 한다. 그러면서 나의 생각의 크기가 커지고, 생각의 변화가 찾아온다. 변화된 새로운 생각은 내 행동과 말을 바꾼다. 변화된 행동과 말은 다시 나의 생각을 바꾸고 결국 새로운 나를 만든다. 독서는 이렇게 사람을 변화시킨다.

세상은 아는 만큼 보이기 마련이다. 시간을 투자해 경험을 쌓고 지식을 겸비해야 한다. 하지만 우리에게 주어진 시간은 한정되어 있으며 자신이 처한 현실의 여러 가지 이유로 시간의 제약을 받는다. 그래서 나는 연예인들 중에 연기자들의 삶을 부러워한다. 그들은 드라마나 영화를 통해 여러 가지 역할을 해야 한다. 작품 활동을 하면서 여러 가지 인생을 살아볼 수 있기 때문이다. 그렇다고 마냥 부러워만 할 수는 없는 일이다.

자신이 진정 변화되어 원하는 인생을 살기 원한다면 없는 시간이라도 만들어서 자신의 삶에 투자해야 한다. 정해진 시간에서 없는 시간이라도 만들어 할 수 있는 것은 독서뿐이다. 이 귀중한 시간에 독서를 통해 성공한 사람이 살다간 인생을 간접 경험해보고 자신의 것으로 만들어야 한다.

"생각대로 살지 않으면 사는 대로 생각한다."라고 했다. 지금의 나의 인생은 과거의 내가 했던 생각이나 말이나 행동에서 기인된 것이다. 그렇기 때문에 아무렇게나 생각하고, 말하고, 행동해서는 안 된다. 아무 생각 없이 현재를 살아간다면 미래 역시 아무 생각 없이 살아가게 되기 때문이다.

주변에서 잘 살려면 이렇게 해야 한다고 들어왔다.

"아껴 써라."
"적금해라."

"주식은 하지 마라."

"대출받지 마라."

"장사는 아무나 하냐?"

"그냥 월급쟁이가 제일 맘 편하다."

"지금이 편한데 굳이 다른 일을 하려 하느냐?"

지금도 그렇다. 내 주위 지인들은 내게 이런 말을 자주 한다. 나는 이런 말들에 동의를 못 한다. 아니, 하기 싫다. 이런 나도 특별하게 내가 원하는 모든 것을 이루면서 멋지게 살아보고 싶은데, 주위에서는 자꾸 이런 말들만 한다. 나는 친한 지인들에게 항상 물어본다.

"언니, 언니는 언제까지 직장에 다닐 거야?"

"나? 언젠가는 그만둬야겠지!"

"생각해둔 건 있어?"

"아니, 지금 당장은 월급이 나오니까. 근데 나는 지금 생활이 좋아."

"뭐? 지금 생활이 좋아? 뭐가 좋은데? 뭐가 좋아?"

"그냥 신경 안 쓰고 돈 벌잖아."

"신경 안 쓰긴 뭘 안 써! 여기에 조금만 신경 쓰면 내 일 하겠고만! 언니는 내 일 하고 싶지 않아?"

"내 일 하면 신경 써야 하는 일도 많고, 나는 그냥 직장 다니는 게 편해."

사람들은 자신이 원하고 꿈꾸는 인생이 있다. 어떤 사람은 원하는 삶을 살기 위해 치열하게 살고, 어떤 사람은 원하는 삶은 분명히 있지만 현실에 부딪히면서 현실에 안주하는 삶으로 살기도 한다. 이유야 어떻든 지금의 현실은 내가 과거에 선택한 결과인 것이다.

인생을 살아가는 방법은 분명히 따로 있다. 우리는 그 방법을 알지 못한다. 아무도 알려주지 않았고, 배우지 않았기 때문이다. 그렇다고 실망할 필요는 없다. 우리에게는 책이라는 최고의 도구가 있다. 책에는 인생을 살아가는 방법을 미리 터득해서 성공한 삶을 살다간 선구자들이 많다. 우리는 단돈 몇만 원을 투자해서 그들의 방법을 쉽게 취득할 수 있다. 지금 그 방법을 배우고 익혀둔다면 미래에는 지금과는 사뭇 다른 인생을 맞이하리라 믿는다.

03

책을 읽으면 인생의 단계가 올라간다

인생을 업그레이드하는 방법

"시작이 반이다."라는 말이 있다. 이 말은 "좋은 시작이 절반의 성공이다."라는 유대인의 속담에서 유래되었다. 무엇이든 시작하기는 두렵기도 하고 어렵다. 하지만 시작해야 가능성이 열린다. 독서도 그렇다. 독서를 아예 하지 않는 사람은 독서를 한 사람보다 생각의 크기가 작을 수밖에 없다. 적어도 나는 그렇게 생각한다.

사람들은 책 읽는 게 좋다는 것은 알지만 이런저런 핑계로 쉽게 행동으로 실천하지는 않는다. 보통 사람들은 해보고 싶고, 하고 싶은 것을 생각만으로 끝낸다. 실제 행동으로 옮기는 경우가 10가지 중에 몇 가지나 될

지 생각해보길 바란다.

나는 나의 문제와 고민이 있을 때마다 책을 찾아본다. 인간관계가 힘들다는 생각이 들 때는 인간관계나 처세에 관한 책들을 읽었다. 경매 공부를 하게 되면서 부동산 책을 포함해 세금, 금리, 성공자들의 책을 찾아보았다. 주식을 배울 때도 경제에 대한 책들, 주식 고수들의 마인드를 배울 수 있는 저서들을 찾아 읽었다. 사회복지를 공부할 때는 세계의 빈민과 가난, 전쟁에 대해 읽었다.

덕분에 나는 몇 년 전보다 엄청나게 업그레이드되어 있다. 나 자신도 중요하지만 남에게 베풀며 사는 삶에 대해서도 생각해보았고, 세상에 희망을 주는 사람이 되었으면 하는 바람도 있다. 계속 발전하고 자기계발하면서 자아실현을 하는 것이 가장 나답고 궁극적인 행복임을 알게 되었다. 이로써 가치관과 꿈이 비슷한 사람을 만나야 된다는 중요한 진리도 알게 되었다.

엠제이 드마코의 『부의 추월차선』에서는 선택은 시간의 흐름에 따라 그 차이가 크게 벌어지는 특성이 있는데, 이를 '영향 격차'라고 했다. 그 차이는 긍정적일 수도, 부정적일 수도 있다. 이 영향 격차는 한 사람의 인생을 송두리째 바꿀 정도로 강력하다고 한다. 그는 매일 내리는 결정과 선택이 시간이 지나면서 일으키는 파동은 무궁무진하다고 강조했다.

나는 인생의 고민과 문제에 봉착할 때마다 치열하게 독서했다. 이는 내 인생에서 큰 전환점이 되었다. 내 안의 작은 거인을 깨워 세상에 선한 영향력을 미치는 사람이 되고자 다짐했다.

책에서는 어떤 분야에서든 성공한 사람들을 책으로 만나볼 수 있다. 그러면 그 분야뿐만 아니라 다른 분야에도 접목시킬 수 있는 뛰어난 혜안을 가진 사람들이 많다는 것을 알게 된다. 그 사람들은 일하는 곳뿐만 아니라 자신의 생활에서도 몸에 밴 원칙을 만든 사람들이다.

먼지 봉투 없는 진공청소기를 발명한 제임스 다이슨은 영국의 발명가이자 사업가다. 다이슨은 흡입력이 떨어지는 먼지 봉투를 제거한 청소기를 만들고 싶었다. 그래서 계속 발명을 시도했다. 그렇게 5,126번의 실패를 하고 5,127번째에 다이슨 청소기를 발명했다. 이제는 가전업계의 애플이라는 다이슨 기업을 이끌고 있다. 많은 사람들이 성공철학에 대해 물으면 그는 명확하게 "실패를 추천한다."라고 이야기한다. 인터뷰에서 그는 자신의 인생은 99%가 실패였다고 했다. 하지만 그 실패는 좌절이나 패배가 아니다.

에디슨도 "나는 실패한 것이 아니다. 잘되지 않는 방법 하나를 안 것이다."라고 같은 말을 했다. 다이슨은 3,000번의 실패를 하고 있을 때 생활고로 아내와 함께 미용교실을 운영했다고 한다. 중요한 것은 우리는 지금의 성공한 사업가로서의 다이슨만 알지만 그에게도 어려운 시절이 있었다는 사실이다.

우리도 뭔가를 시작할 때 바로 성공을 바라면 좌절하기 쉽다. 하지만 지금 시작하지 않으면 앞으로도 시작하기 어렵다. 독서도 마찬가지이다. 많은 실패를 거듭하고 성공을 이루어낸 사람들의 이야기를 통해 우리는 한 가지만 기억하면 된다. 오늘보다 내일 더 나은 내가 되고 있다고 생각하는 것이다.

성공한 사람들은 항상 책과 함께했다

성공한 사람들의 곁에는 항상 책이 있었다. 그들은 아무리 바빠도 책을 항상 끼고 살았다. 20세기 월가에서 가장 성공한 투자자로 칭송받던 존 템플턴은 이런 말을 남겼다.

"성공을 준비하는 사람은 늘 도서관을 끼고 다닌다. 지하철을 기다리거나 공항에서 탑승 절차를 위해 대기할 때에 몇 분의 시간은 있다. 이럴 때 회사 일에 도움이 되는 자료를 찾아보거나, 최근 트렌드를 분석해보거나, 아니면 그저 마음의 양식이 되고 식견을 넓히는 책을 읽어볼 수도 있다. 약속 시간보다 일찍 도착했을 경우를 대비해 기다리는 동안 읽을 수 있는 신문을 지니고 다닌다면 도서관을 끼고 다니는 것이나 마찬가지다. 이렇게 하면 당신은 항상 무엇인가를 성취할 수 있고, 성공을 위해 훨씬 빨리 나아갈 수 있을 것이다."

우리가 잘 아는 안철수도 그랬다. 안철수는 늘 책을 끼고 살았다. 엘리베이터를 기다리는 그 시간에도 늘 책을 읽었다고 한다. 안철수의 삶도 알고 보면 생각해볼 것이 많다. 최연소 의학박사를 취득한 의사이면서 의과대학 교수 및 학과장에 오를 정도로 승승장구했다. 그리고 취미로 컴퓨터 백신을 밤을 세워가며 개발하다가 국내 최초의 백신을 발견하게 된다. 외국에서 그 회사를 천문학적인 가격에 매입하겠다고 요청했으나 그는 거절하고 무료로 백신을 국민에게 나눠줬다.

이렇게 안철수의 성공 이면에도 독서 습관이 있다. 그는 초등학교 때 학교 도서관에 있는 모든 책을 다 읽은 것으로 유명하다. 그리고 그 이후에도 늘 책을 손에 들고 다녔다고 한다. 작은 습관은 이렇게 큰 차이를 불러오는 것이다. 작은 습관이 쌓이면서 평범한 사람이 바로 성공한 사람이 되는 것이다.

많은 사람들이 살아가면서 각자의 삶에 대한 기준을 가지고 있다. 예를 들어 사업을 시작한다면 어떤 기준이 있을 것이다. 하지만 많은 사람들이 감에 의존한다. 그냥 자신만 믿고 열심히 하면 된다고 생각하고 감만 믿고 사업을 시작한다. 하지만, 정말 열심히 했는데 그 사업이 안 되는 경우가 부지기수다. 하지만 책을 읽는 사람은 다르다. 장사로 검색해도 수많은 책이 나와 있다. 사업을 검색해도 수많은 책이 있다. 그 책들이 당신을 기다리고 있다.

당신이 앞으로 걷고자 하는 길을 누군가 먼저 걸어갔다. 그 발자취를 어떤 이는 책으로 남겼다. 다른 이들이 자신과 같은 실수를 반복하지 않도록 도움을 주기 위해서다.

평범한 사람과 천재의 차이는 종이 한 장 차이라고 말한다. 마찬가지로 성공한 사람과 평범한 사람도 큰 차이가 없다. 그 차이는 바로 '독서'다. 성공한 사람들은 언제나 독서를 목숨 걸고 해왔고, 하고 있다. 독서를 하면 행운이 그냥 찾아오는 것이 아니다. 다만 행운을 알아보는 눈과 귀가 열리게 된다. 이것이 능력이다. 새로운 길이 생기기도 한다.

나는 과거를 떠올려볼 때 책이 아니었다면 희망과 꿈을 몰랐을 것이다. 나는 책으로 희망과 꿈을 보았고, 방법을 알았고, 살길을 찾았다. 그리고 지금도 앞으로 나아가고 있다.

성공하고 싶은가? 그렇다면 성공한 사람들을 따라가는 것이 가장 빠른 길이다. 성공한 사람들은 모두 독서가였다. 그들의 지혜와 지식, 경험이 모두 책에 담겨 있다. 오늘부터 성공의 길을 걷고자 한다면 독서해라! 그러면 당신은 성공한 사람들과 함께하게 될 것이다.

04

읽었으면 행동해야 결과가 나온다

시간은 기다려 주지 않는다

일하기 위해 시간을 내라. 성공의 대가다.

생각하기 위해 시간을 내라. 능력의 근원이다.

운동하기 위해 시간을 내라. 젊음을 유지하는 비결이다.

독서를 위해 시간을 내라. 지혜의 원천이다.

– 레프 톨스토이(러시아의 소설가)의 「10훈」 중에서

2년 가까이 밥을 준 길고양이 복동이가 있다. 4개월 정도부터 우리가 밥을 주는 집 근처에 와서 밥을 먹기 시작했다. 까만색과 하얀색이 어우러져

있는 아이였다. 처음에는 그냥 오다가다 먹는 아이인가 생각했다. 그러던 어느 날 노란색 큰 고양이가 나타나서 같이 먹기 시작했다. 이 아이는 중성화가 되어 있었다. 노란 아이 이름은 복순이로 지어줬다. 언제부턴가 둘이 많이 친해져서 낮잠도 박스 안에서 부둥켜안고 자고, 밥도 항상 같이 먹으러 다녔다.

원래 살던 집에서 조금 위쪽에 아파트로 이사를 했는데, 이 아이들이 아파트에서 발견되었다. 엄마와 나는 따로 그 아이들의 밥과 간식을 챙겨줬다. 아이들도 우리와 익숙해졌는지, 특히 복동이는 밥을 주러 가면 다리 사이를 파고들면서 얼굴과 몸을 우리에게 비비느라 밥도 제대로 먹지 않을 지경이었다.

복동이는 작년부터 아예 우리 집 아래 화단에 밥 줄 시간이 되면 앉아 있었다. 내가 퇴근하고 올 시간에는 놀이터에서 내가 오는 방향을 보고 있다. 어디서 놀다가도 밥 주려고 이름을 부르면 어디서 쏙 튀어나온다. 안아도 가만히 있고, 안아서 배를 만져도, 뽀뽀를 해도, 꼬리를 잡아도, 귀여워서 엉덩이를 팡팡 때려 줘도 좋다고 나한테 파고드는 사랑이 많은 아이였다. 올 겨울에는 추울 게 걱정이 돼서 집도 만들어주고, 저녁에는 핫팩도 하나씩 깔아줬다.

나는 복동이, 복순이가 너무 좋아서 엄마에게 데려다 키우자고 말했다.

"됐어. 수컷끼리 싸우지 말라고 중성화시켜 줬으니까 괜찮아. 그리고 둘이 지내니까 걔들은 괜찮아."

"그래도 날이 추우면 얼마나 불쌍해. 예쁘잖아."

"새끼들이야 어쩔 수 없이 키운다지만, 걔들은 다 커서 들어와서 살기 힘들어."

"칫, 나중에 나 돈 많이 벌어서 내 사무실로 오피스텔 얻으면 그때 둘이 데려다 키워야겠다. 그때 캣타워랑 좋은 거 많이 사줘야지."

"그래라."

나는 학수고대했다. 내 사무실을 얻어 아이들을 데려올 생각을 할 때마다 행복했다.

그런데 이런 나의 꿈이 무너졌다. 3월 5일 복동이는 하늘의 별이 되었다. 3월 2일 새벽에 사고가 있었던 모양이다. 출근길에 복동이가 쓰러져 있는 걸 발견하고 이른 아침에 병원에 데려가서 사진을 찍으니 다리와 대퇴부가 부러져서 큰 병원에 가봐야 한다고 한다. 나는 여러 곳에 전화를 해서 수술 비용 등을 상담했다. 굉장히 큰 금액이 들어가야 했다.

그러고 이틀이 지났는데 복동이가 이상하게 축 처져서 기운이 없었다. 사고 난 이후로 밥도 안 먹었고, 어제까지 잘 먹던 물도 못 먹었다. 수술은 둘째 치고 아이가 너무 쳐져서 중성화 수술을 한 병원으로 데리고 갔다. 다리만 부러져서는 이 정도로 처지지 않는다고 하시면서 피 검사와 사진을 다시 찍어보자고 하신다.

검사 결과가 나왔다. 피 검사의 모든 수치는 최고치가 나왔다. 중요한 것은 배 속에 피가 뭉쳐 있다는 것이다. 사고가 났을 때 큰 충격이 배를 가격한 것 같다고 하며 장기 파열이 된 것 같다고 하셨다. 1월에 중성화 수술을 할 때와 사진을 비교하니 배가 확연히 달랐다.

얼마나 아팠을까? 그런데도 복동이는 엄마나 내가 만지면 골골골 소리를 내며 좋아했다. 마지막 가는 순간까지 희미하게 골골거렸다. 그렇게 복동이는 하늘이 별이 되어버렸다.

내가 왜 이야기를 하는 줄 아는가? 우리가 인생을 살아가면서 '나중에'를 말하지만, '나중에'는 없다는 것이다. 내가 하고 싶은 일이 있으면 미루지 말고, '지금, 당장' 행동으로 옮겨야 한다는 것이다. 사무실을 얻을 때까지 나중으로 미루지 말고 생각했을 때 바로 데려오지 못해 이런 일이 벌어졌나 싶어 계속 눈물이 난다. 바로 행동으로 옮기지 못한 것을 후회한다.

바로 행동하자

책을 읽게 되면서 나는 용기를 얻었다. 내 주위에는 내가 뭔가를 하려고 하면 하지 말라고 말하는 사람들이 많았다. 특히 부모님이 가장 많이 하지 말라고 말씀하셨다. 나는 의욕이 많은 성향이었다. 그런데 주위에서 하도 하지 말라는 말을 많이 들어서 나서는 데 익숙하지 않게 되어버렸다. 그런데 책은 나에게 하라고 말해주었다. 하고 싶은 게 있으면 해보라고 말했다. 시간은 멈추지 않는 것이니 하루라도 빨리 시도해보라고 말해주고 있었다. 실패에 대한 두려움은 시도해보지 않았기 때문에 있는 것이라고 말했다. 실패에 대한 두려움으로 시도조차 하지 않는 삶은 후회만이 남는다고 말해주었다. 후회만이 남는 삶이 진정으로 실패한 삶이라고 말해주었다. 나는 책을 읽으면서 용기를 얻었다.

나는 경매를 시작할 때도 그랬다. 경매 책을 처음 접하고 '내가 과연 이걸 할 수 있을까? 이걸 하다가 실수해서 문제가 생기면 어떡하지? 나는 종잣돈도 적은데 어떻게 낙찰받을 수 있을까?' 이런 걱정은 하지 않았다. 책이 나에게 말해준 대로 용기를 내서 등록을 먼저 했다. '책의 저자도 해냈다면 나도 할 수 있겠지! 나라고 못 할 이유는 뭐가 있겠어?'라는 생각을 했다. 그리고 나서 2년 정도 하는 동안 빌라 2채를 낙찰받았다. 남들이 보면 '겨우'라고 말할 수 있지만, 나는 망설이지 않고 도전했다. 내가 가지고 있는 종잣돈 500만 원으로 2채를 낙찰받았다는 것은 내가 그만큼 행동하고 열심히 했다는 증거다.

나는 지금은 책을 쓰고 있다. 나는 지금까지 일기를 써본 적도 없다. 워낙에 배우는 것을 좋아해 강의를 들으러 가면 모두 감사일기를 쓰라고 말한다. 워낙에 좋다고 강조를 해서 감사일기를 써보자 결심하고 쓰다 보면 5일 이상을 계속 쓰기가 어려웠다. 매일 쓰다 보니 반복되는 일상에 감사할 거리도 매일 같아서 5일 이상이면 내용이 똑같았다. 나의 의식 변화도 못 느껴서 그만두기가 부지기수였다. 이랬던 내가 지금은 책을 거의 완성해가고 있다.

내가 책을 쓰게 된 것도 '김도사'님의 저서들을 읽고 바로 행동했기 때문이다. 책을 3권 정도를 주문하고 단숨에 읽어버렸다. 나는 성공하고 싶다. 그것도 아주 많이 열망한다. 그런데 성공할 방법을 몰랐다. 방법을 몰라 헤매던 나에게 '김도사'님의 책은 '나도 책을 써서 성공할 수 있다.'라고 강력하게 말해주었다. 나는 바로 행동으로 옮겼다. 그리고 이렇게 책을 쓰고 있는 나를 마주하고 있다. 일기를 한 번도 써보지도 않은 내가, 감사일기도 5일 이상을 지속하지 못한 내가, 이렇게 책을 쓰고 있다는 것은 모두 책을 읽고 바로 행동했기 때문에 나오는 결과물이다.

아직까지는 작은 성공이라 할 수도 있다. 누군가는 별것 아닌 것으로 말한다고 야유를 보낼지도 모른다. 하지만 나는 이 작은 성공들이 모여서 큰 성공으로 갈 것이라는 것을 안다. 작은 시냇물이 모여서 강으로 가고, 강물이 모여서 바다로 흘러가듯이 나의 이런 작은 성공들이 쌓여서 큰 성공을 이룰 것이라고 믿는다.

여러분도 책을 읽고 나도 저자처럼 성공하고 싶다는 생각이 든다면 앞뒤 가리지 말고 행동으로 옮기자. 그것은 내 가슴속에서 진정 하고자 하는 것이다. 나중은 없다. 나중에는 열정과 열의도 식어버린다. 내가 왜 그것을 하려고 했는지 이유도 생각나지 않는다. 나중에는 지금보다 더 열악한 상황이어서 '그때 할 걸.' 하고 후회할 수도 있다. 성공하고 싶다면 책을 읽고 바로 행동으로 옮겨야만 결과가 나온다. 가슴이 시키는 일은 지금, 당장 하자. 내일 복동이가 없어진 것처럼 내일은 오지 않을 수도 있다.

책이 시키는 대로 따라간

성공자들의 이야기 ⑤

소프트 뱅크 손정의 회장

사이버 제국의 지배자

손정의 회장은 1957년 8월 일본 사가현 도스시에서 출생한 재일 한국인 3세로 24살의 나이에 허름한 창고에서 직원 2명과 함께 창업하여 성공한 한국계 일본인 사업가이다. 1981년 9월 자본금 1,000만 엔으로 단 2명의 사원을 데리고 일본 소프트뱅크를 설립했다.

회사 설립 2년 후 손정의 회장은 인생 최대의 위기를 맞이한다. 중증 만성간염으로 꼬박 3년간 병원에 입원해야 했기 때문이다. 입원 당시 소프트뱅크는 불과 2년 만에 사원 125명, 매출 45억 엔이라는 놀라운 성과로 성공 가도를 달리고 있었다. 하지만 그는 당장 입원하지 않으면 생명이 위태로울지도 모른다는 의사의 경고를 듣고 어쩔 수 없이 입원을 했다.

그러나 손정의는 포기하지 않았다. 그는 입원하는 동안 엄청난 독서로 위기를 기회로 바꾸는 계기를 마련했다. 투병 중에 4,000권을 독파하자, 한 줄기 빛은 단숨에 퍼져서 주변의 어둠을 날려 보냈다.

"좋아!" 손정의는 침대에서 벌떡 일어섰다. 본래의 그답게 밝고 활기찬 자신으로 돌아가는 것 같았다. 만약 다 나아서 일생을 돌아보았을 때, 그만큼 책을 열심히 읽은 때도 없었다고 할 정도로 읽으리라 다짐했다. 지금이 절호의 기회다. 지겨울 정도로 책이란 책은 모두 읽어보자 결심했다.

게다가 지금 경영자로서 가장 힘든 시기를 빠져나가고 있다. 독서가 관념으로 머리에 새겨지는 것이 아니라 살아 있는 것으로서 피가 되고 살이 되고 있었다. 병실에 다 둘 수 없을 정도로 많은 경영서와 역사서, 전략서 등 모든 장르를 병행해서 읽어나갔고, 투병 중에 읽은 책 숫자는 약 4,000권에 이르렀다.

— 오시타 에이지 저, 은영미 역, 『나는 절대로 쓰러지지 않는다』

병상에서 집중적인 독서를 하면서 그의 의식은 그야말로 비약적으로 커지는 계기가 되었다. 3년간의 투병 생활 동안 독서를 통한 지식과 지혜를 얻게 된 것이다. 그것은 사업의 방향성이나 미래를 내다볼 수 있는 눈을 갖게 되었고, 일본의 최고 부자 손정의를 만드는 계기가 되었다.

손정의는 1981년 세계 최대의 네트워크 제국을 구축하였고, 미국의 『비즈니스위크지』에서는 이런 그를 가리켜 '사이버 제국의 지배자'라고 쓰기 시작했다. 이처럼 독서는 시련과 역경을 극복할 수 있도록 도와주는 원동력이 된다.

05

독서는 나를 만들어가는 최고의 방법이다

책이 진정한 멘토

랄프 왈도 에머슨은 말했다. "당신 주변에 훌륭한 사람을 닮고 싶다면 그가 무슨 책을 읽는지부터 알아봐야 한다." 당신의 주변에 닮고 싶은 멘토가 있는가? 그렇다면 그들이 무슨 책을 읽는지 천천히 살펴봐라.

나는 내 주변에 책 읽는 사람들이 많지 않았다. 책을 읽는 친구들이 있긴 했지만 그들은 대부분 소설류들을 많이 읽었다. 물론 책을 많이 읽어서 생각하는 거나 다른 사람을 배려하거나 말을 함부로 하지 않았고 그것은 나도 본받고 싶은 점이기도 했다.

하지만 나는 소설류와 맞지는 않았다. 소설은 한번 손에 잡으면 내용이 궁금해서 중간에 끊을 수가 없었다. 결정적으로 소설을 통해 내 인생의 문제점이나 고민을 해결할 방법을 찾을 수는 없었다.

그래서 나는 스스로 여러 가지 책을 읽으면서 터득했다. 나에게 맞는 책은 따로 있다는 것을 알았다. 나는 자기계발서나 인문 고전, 가끔은 생각을 깊게 할 수 있는 철학책이 좋았다. 그런 종류의 책을 읽고 나면 생각이 꽉 차면서 묵직해지는 느낌이 좋았다. 깊어진 생각으로 나를 다져가고 가치관을 정립하면서 나 자신을 찾게 되었다.

어릴 적 가난했던 카네기가 신문 배달을 하는데, 어느 날 이웃이 그에게 말했다. "얘야, 네가 책을 읽지 않으면 평생 배달만 해야 한단다. 틈날 때마다 우리 집에서 책을 읽도록 해라." 그리고 서재를 개방해주었다. 훗날 재벌이 된 카네기는 '어떻게 살아야 할지 모르는 사람한테 희망을 주는 방법은 책을 읽게 하는 길밖에 없다.'라고 결심하며 평생 2,507개의 도서관을 세웠다. 그렇다. 책은 희망이다. 카네기의 삶이 180도 바뀐 이유는 책 때문이었다. 책의 힘이 대단하지 않은가? 카네기뿐만이 아니다. 책은 사람의 운명을 바꿀 수 있는 강력한 힘이 있다.

다음 사람들의 공통점은 무엇일까? 마틴 루터 킹과 간디, 마크 저커버그와 스티브 잡스, 빌 게이츠와 워런 버핏, 바로 이들은 멘토와 멘티의 관계이다. 그들은 성공한 사람들의 습관과 사고방식을 따라 했고 그 습관과 사고방식이 그들을 성공하게 한 것이다. 쉽게 말해 그들은 성공할 수밖에 없는 습관과 사고방식을 지녔다. 그렇다면 이는 당신에게도 똑같은 것이 아닐까? 주변에 성공한 사람들의 습관과 사고방식을 따라 하면 되지 않을까? 하지만 대개 성공한 사람들은 바쁘다. 그렇다면 어떻게 하면 좋을까? 바로 독서를 하는 것이다. 책을 통해 우리는 성공한 사람들의 습관과 사고방식, 충고, 경험에 대해서 들을 수 있다. 자수성가를 통해 백만장자가 된 75%가 한 달에 적어도 2권을 읽는다고 한다. 당신이 어떠한 분야의 어떠한 조언을 원하든 그와 관련된 책은 이미 나와 있을 확률이 높다. 북튜브의 '책을 읽어야 하는 이유'에서 나온 내용이다.

이렇게 책은 사람의 운명을 바꿀 수 있는 강력한 힘이 있다. 이처럼 성공한 사람들은 대부분 책을 손에서 놓지 않았다. 책으로 현재의 문제를 해결하고 책에서 새로운 미래를 찾아냈으며 때로는 책으로 새로운 직업을 갖기도 했다. 빌 게이츠가 그랬고, 워런 버핏이 그랬고, 아인슈타인이 그랬다. 그리고 무엇보다 이 일은 지금 주위에서도 벌어지는 일이다.

요즘 사람들은 여러 가지 포털 사이트(페이스북, 카카오톡, 카카오 스토리, 네이버 밴드, SNS)를 통해 많은 사람들과 소통하고 싶어 한다. 핵가족화와 1인 가구의 급증으로 인해 혼자 있는 시간이 불안하고 두렵기 때문이다. 주위에 친하거나 아는 사람이 없거나, 혼자 있게 되면 불안감을 느끼는 사람들이 많다. 자신에게 중요한 일이 있더라도 외로움에 굳이 만나지 않아도 될 사람들을 만나거나, 지인을 만나 시간을 보낸다. 그러나 그들과 헤어지고 나면 왠지 공허함이 더 크게 찾아온다. 이런 공허함을 채우기 위해 계속 누군가를 만나게 된다.

우리가 책을 쉽게 읽지 못하는 이유가 여기에 있다. 조용한 공간에서 혼자 글을 읽어야 한다는 생각에 벌써 힘들어지는 것이다. 책을 읽을 때는 혼자 그 시간을 조용히 이겨내야 한다. 공부를 하거나 책을 읽을 때도 혼자서 그 시간을 버텨내야 한다. 그런데 사람들은 그 시간을 참기 힘들어 한다. 어느 샌가 참지 못하고 TV를 보거나, 스마트폰을 하거나, 게임을 하거나, 음악을 듣고 있는 자신을 발견한다.

의식을 높여야 쓰러지지 않는다

나도 책을 본격적으로 읽기 전까지는 혼자 있는 시간을 못 견뎠다. 워낙에 놀기를 좋아하는 성격에 집에 붙어 있질 않았다. 오죽했으면 엄마가 나보고 역마살이 꼈냐고 나무랄 정도였다. 엉덩이를 10분 이상 붙이고 앉아 있기 힘들었다.

학창 시절에는 몇 번이고 책 읽기에 도전을 했으나 차분한 성격이 아니어서 중간에 포기하기 일쑤였다. 그때는 어떤 책을 갖다 줘도 읽지 못했을 것이다. 그런데 책에 흥미를 느끼고 본격적으로 책을 읽기 시작하면서 나는 혼자 있는 시간이 즐거웠다. 오히려 지인들과 친구들 만나는 약속이 더 부담스러웠다. 시간이 아깝다는 생각을 했다. 책을 읽게 되면서 나의 내면과 깊은 대화를 하게 되었다. 나는 내면과 만나 이야기하는 것이 즐겁고 행복했다. 그래서 언젠가는 약속을 일부러 깬 적도 있을 정도이다.

책을 읽는다는 것은 혼자와의 싸움일 수 있다. 어찌 보면 외로운 시간들과의 싸움이다. 하지만 그 시간에 익숙해지면 그 누구를 만나는 것보다 행복하고 그 시간이 충만한 시간이 되는 것이다. 생각이 깊어지면서 지금까지는 경험해보지 못한 고차원의 생각들을 할 수 있게 되고, 상대방의 입장에서 생각해주고 배려해주면서 나에게 예상치 못한 기회가 찾아올 수도 있다. 이토록 책은 나를 하나하나 다듬어서 만들어가는 최고의 도구인 셈이다.

책을 읽게 되면서 성장하면서 형성된 부정적이고 짜증스런 성격이 많이 온화해지고 긍정적으로 바뀌었다. 그리고 돈에 관한 관념도 바뀌었다. 그동안은 돈 때문에 우리 부모님과 가족이 그렇게 힘들게 살아서 그런지 돈을 원하면서도 나쁜 것이라고 생각하고 살아왔다. 돈을 원하면서도 싫어하는 이치에 맞지 않는 생각을 하고 있었다. 하지만 그게 아니었다. 내 생각이 잘못되었다는 것을 알게 되었다. 돈은 그저 물질이고 우리가 살아가는 데 필요한 수단일 뿐이라는 것이다. 돈은 그저 흘러 다니는 것이고 형체가 없다는 것도 알게 되었다. 그리고 돈은 돈 자체가 나쁜 것이 아니라 돈이라는 수단을 나쁘게 사용하는 사람이 있다는 것을 알게 되었다. 돈 그 자체는 좋은 것이라는 것도 책을 통해 알게 되었고 그동안 가지고 있던 돈에 대한 편견을 완전히 바꾸게 되었다. 그러면서 부에 관한 책들을 많이 찾아 읽게 되고 부자들의 생각들을 읽게 되면서 자연스럽게 의식이 확장되고 다른 분야에도 관심을 가지게 되었다.

나는 지금도 부정적인 기억들이나 습관을 갖지 않기 위해 책을 읽으면서 노력하고 있다. 어찌 보면 순탄치 않은 나의 과거는 지금의 나를 만들기 위해 내가 거쳐야만 하는 시간이었을지도 모른다는 생각을 한다. 그때의 시간들이 없었다면 어쩌면 지금의 나는 없을지도 모른다. 지금은 오히려 그 시간이 너무나 고맙고 감사하다.

아픈 과거의 시간을 보내고 치열하게 책을 읽은 덕분에 나는 나 자신을 더욱 단단하게 만들었고, 힘든 역경과 고난이 와도 이겨낼 수 있는 힘의 원천을 얻었다. 그리고 무엇보다 책은 '나는 할 수 있다'는 용기를 주었다.

아마 지금 아픈 시간을 보내는 사람들이 있을 것이라 생각한다. 나는 그들에게 말해주고 싶다. 내가 책을 읽으면서 나를 다듬고 만들어온 것처럼 시간을 내어 책을 읽는다면 충분히 나를 단단하게 만드는 자양분을 얻게 될 것이라고 말해주고 싶다. 책은 나를 단단하게 만드는 최고의 도구인 셈이다. 용기를 내어 한 발짝 내딛는다면 성공은 당신을 기다리고 있을 것이다.

06

시련은 축복의 기회가 된다

인생의 슬럼프

10년 넘게 책을 미친 듯이 읽던 나에게도 책이 서서히 손에 잡히지 않을 때가 오기 시작했다. 2012년 지인 언니에게 사기를 당한 후부터 무기력해졌다. 그동안 열심히 살아왔고, 남들에게 해를 입히고 살았던 것도 아닌데, 왜 내게 이런 일이 일어났는지, 인생에 대한 회의감이 들었다. 그러자 무기력감이 찾아왔다. 책을 손에 들어도 집중이 되지 않았다. 한 페이지를 넘기기 어려웠다. 눈은 글자를 향하고 있는데 머릿속에서 글이 진행되질 않았다. 그러면서 생각이 들었다.

'내가 이렇게 되려고 그동안 열심히 살았나?'

'잘 살고 싶어서 책도 읽고 인생도 변해가는 것 같았는데 결국 이런 일이 생겨버렸네.'

'책을 읽는다고 해서 내 인생이 변할 수 있겠어?'

인생에 시련을 갑자기 마주하다 보니 내 의식은 차차 부정적인 생각으로 가득 차기 시작했다. 책을 읽어도 부정적인 비판 의식이 슬슬 올라왔다. 예전에는 '맞아, 맞아' 하면서 읽었을 법한 내용에도 이렇게 반응하게 되었다.

'이런다고 인생이 확 바뀌지 않잖아.'

'이건 아무래도 특별한 누군가만 해당하는 건가 봐. 나한테는 해당되지 않는 내용인데, 뭐.'

'결국 나한테 남는 것은 빚밖에 없잖아.'

인생에 의욕을 상실해버렸다. 한마디로 슬럼프가 오면서 우울증이 나에게 찾아온 것 같았다. 책장에 꽂힌 책들을 그저 쳐다보고만 있게 되었다. 생각으로는 '저 책들을 읽어야 하는데.' 하면서도 손에 막상 책을 들지는 않았다. 이렇게 계속 책을 읽지 않는다면 앞으로는 전혀 책을 읽지 못할 것 같아 꾸준히 책을 사긴 했다. 되도록 쉬운 책들을 사서 봤다. 어려울

수록 읽다가 중간에 포기해버리는 일이 많아질수록 안 되겠다 싶어 얇으면서도 쉬운 책들 위주로 읽게 되었다. 어떤 때는 그마저도 읽기가 힘들었다.

책을 읽고 그동안 쌓아 올린 긍정적인 생각과 마인드가 무너진 것이다. 긍정적인 생각과 마인드가 무너지면서 나 자신마저 무너졌다. 그동안 책을 읽으면서 단단해져가고 있다는 생각을 하고 있었는데 생각지도 못한 복병이 나를 시험에 빠뜨린 것이다.

나에게 찾아온 슬럼프와 우울증으로 인해 결국에는 나 자신을 학대하는 일까지 하게 되었다. 스스로를 못났다고 생각하고, 바보 같다고 여기는 부정의 늪에서 빠져나오려고 발버둥을 칠수록 더 깊이 빠져드는 느낌을 받았다. 결국에는 죽고 싶다는 생각까지 하게 되었다.

이런 생각을 하는 나 자신을 발견했을 때 깜짝 놀랐다. TV에서 유명인들의 자살 소식을 들을 때마다 '죽을힘에 다시 살면 되지. 왜 목숨을 함부로 대할까?' 싶었는데 내가 그 생각을 하고 있었던 것이다. 순간 정신이 번쩍 들었다. 아무리 힘들더라도 '이 생각만은 하지 말자.'라고 나를 다독였다. 생각은 생각의 꼬리는 무는 법인데 이런 생각을 자꾸 하면 좋은 일이 없을 테니까 말이다.

그래서일까? 결국 나에게 2018년 암이 찾아왔고, 2번의 암 수술을 하게 되었다. 암 수술을 하고 나서 다니던 직장도 그만두게 되었다. 아무래도 나를 먼저 돌보는 게 우선일 것 같았다. 나는 내 삶을 돌아보았다. 나에게 이 병이 왜 찾아왔는지를 곰곰이 생각해봤다. 내가 인스턴트 음식을 자주 먹는 것도 아니고, 운동을 안 하는 것도 아니고 무엇이 문제였을까? 가만히 생각해보니 원인은 내 생각이었다.

생각의 전환점을 맞이하다

나는 잘 살고 싶었다. 주변의 친구들과 지인들과 비교했을 때 내가 누리지 못하는 건 너무나 많았다. 그들은 쉽게 하는 것을 나는 고민에 고민을 거듭하면서 결국에는 포기하고 만다. 사정이 안 된다는 이유가 가장 많았다. 결국에는 돈이었다. 그래서 나는 돈을 많이 벌고 싶었다.

책을 처음 읽을 때는 인간적으로 나를 성숙시키고 변화시키는 책들을 읽게 되면서 내가 성장해가는 것을 느꼈고, 돈을 많이 벌고 싶다는 생각을 하게 되면서 나는 돈을 벌수 있는 수단의 방법을 책에서 찾았다. 그게 나쁘다는 것이 아니다. 나는 방법만 찾아 헤맸고, 방법에만 집중했던 것이었다. 돈을 많이 벌기 위해서는 내 생각의 그릇도 키워야 하는 데 나는 방법에만 집중한 것이다. 그러니 날이 갈수록 돈에 집착했고 그 집착이 결국 나를 파멸로 이끌었던 것이다. 그리고 나를 자만하게 만들었고, 학대하게 만들었다.

나는 2번의 암 수술을 하고부터 생각을 정리하고 바꾸기 시작했다. 우선을 나를 사랑하는 것이 급선무였다. 요즘은 유튜브가 굉장히 활성화되어 있다. 맨 처음 유튜브를 접하고 이런 세상도 있구나 싶었다. 많은 정보를 쉽게 받아볼 수 있다는 것에 놀랐다. 나와 맞는 유튜브 채널 여러 곳을 구독했더니 모두 나를 먼저 사랑하라고 말했다. 맨 처음에는 그 말뜻을 몰라 유튜브 채널자가 진행하는 모임에도 나가서 강의도 듣고 의견도 나누고 했다. 그들이 추천하는 책들도 열심히 읽었다. 그러면서 세상을 살아가면서 나보다 귀한 존재는 없다는 것을 알게 되었다. 내가 스스로를 인정하고 사랑해줘야만 다른 사람들도 나를 인정해주고 사랑해준다는 것이다. 나는 지금까지 그 사실을 무시하고 있었다. 나 스스로 나를 보는 관점, 세상을 바라보는 관점을 바로잡아야 했다.

김상운 저자의 『왓칭』에 델마 톰슨이라는 미국 여류작가의 이야기가 나온다. 그녀는 작가가 되기 전 군인 남편을 따라 캘리포니아 주 모하비 사막 훈련소로 가게 되었다. 남편이 직장에 나가면 그녀는 섭씨 45도를 오르내리는 지독한 무더위 속의 오두막집에 혼자 남았다. 시도 때도 없이 모래바람이 불어 닥쳐 입안에서 모래알이 씹히고, 음식을 해두면 금방 쉬어버렸다. 집 주변에는 뱀과 도마뱀이 기어 다녔다. 몇 달 만에 심한 우울증에 빠진 그녀는 마침내 고향 부모에게 이렇게 하소연했다.

"더 이상 못 견디겠어요. 차라리 감옥에 가는 게 나아요. 정말 지옥이에요."

그러나 아버지가 보낸 답장에는 단 두 줄만 적혀 있었다.

"감옥 창살 사이로 밖을 내다보는 두 죄수가 있다. 하나는 하늘의 별을 보고, 하나는 흙탕길을 본다."

이 두 줄의 글이 그녀의 인생을 바꿔놓았다. 그녀는 기피했던 인디언들과 친구가 되었고, 그들로부터 공예품 만드는 기술과 멍석 짜는 법을 배웠다. 사막의 식물도 자세히 관찰해보았다. 자세히 살펴보니, 선인장, 유카, 여호수아 나무 등은 매우 매혹적이었다. 빨갛게 저무는 사막의 저녁 노을에도 신비한 아름다움이 숨겨져 있었다. 그녀는 이 새로운 세계를 발견한 기쁨을 책으로 펴냈다. 사막을 배경으로 소설 작가로 변신한 것이다.

"사막은 변하지 않는다. 내 생각만 변했다. 생각을 돌리면 비참한 경험이 가장 흥미로운 인생으로 변할 수 있다는 걸 깨달았다."

이렇게 그동안 내 생각을 바꿔야 했다. 그러면서 내가 읽는 책들도 달라졌다. 지금 내가 읽는 책들은 예전하고 다르게 의식에 관한 책이다. 내가 성공을 바라고 있지만 내 의식 깊숙한 곳에서는 지금까지 내가 생활해 왔던 생활 방식을 추구하면서 서로 충돌한다는 것을 알게 되었다. 내 깊숙한 의식을 바꾸지 않는 이 관성의 법칙에 의해 다시 원점으로 돌아가게 된다는 것을 알게 되었다. 내 의식을 원천적으로 바꿔야만 내 생각과 상황이 혹시 무너져도 다시 일어날 수 있고 계속 성공으로 이어나갈 수 있다. 그러므로 나에게 주어진 시련은 축복이었다.

인생을 살다 보면 예상치 못한 시련이 닥칠 수도 있다. 나에게 예상치 못한 시련이 닥쳤다는 것은 하늘이 주는 기회이다. 그 일을 발판 삼아 더 크게 나아가라는 뜻이다. 나비가 화려한 나비가 되기 위해서는 고치 안에서 인고의 시간을 보내야 한다. 이 시간을 보내지 않고서는 화려한 나비가 될 수 없다. 시련은 더 높이 날아오르기 위해 겪는 필수 과정이라 생각하고 담담히 받아들이자. 시련은 반드시 변형된 축복이 될 것이다. 인생은 달림이 있으면 멈춤이 있다. 지금 잠시 멈추고 있다면 더 빨리 뛰기 위해 기다리는 것이라 생각하자.

07

내 인생 최고의 멘토는 책이다

당신의 꿈은 무엇입니까?

"당신은 책을 좋아하지 않을지도 모른다. 그런 당신은 분명히 생활 가운데 부질없는 야심과 쾌락의 추구에만 열중하고 있을 것이다. 그러나 세상은 당신이 생각하는 것보다 훨씬 광범위하며 그 세계는 책에 의해 움직이고 있다." 볼테르는 이렇게 말했다.

내 나이 44살. 나는 진정으로 내가 하고 싶은 꿈을 찾았다. 늦은 감이 있다. 하지만 나는 지금보다 어렸을 때는 꿈이 없었다. 꿈? 꿈이라는 게 도대체 어떤 것이며, 어떻게 꾸는 것이며, 내 꿈이 있다면 어떻게 이뤄야 하는지 알지 못했다.

학창 시절에 학교에서 학기 초에 설문조사를 하면 꼭 꿈이 뭔지를 물어보는 질문이 있었다. 나는 꿈이 뭔지 몰라 앞뒤, 짝꿍에게 물어봤다.

"너희는 앞으로의 장래 희망(꿈)에 대해 뭐라고 적었어?"

"어? 난 선생님."

"난 간호사."

친구들 것을 보면서 가만히 생각해봤다.

'나는 뭐가 되고 싶지?'

'내가 되고 싶은 꿈은 어떻게 정하는 거야?'

내 꿈이 무엇인지 고민하고 있는데 선생님이 설문지를 걷으라는 소리에 나는 '간호사'를 적었다. 20대 초반에도 나는 내가 진정으로 무엇을 하고 싶은지 알지 못했다. 대학원서도 성적에 맞춰 써야 하는데, 선생님께 여쭤봤다.

"근데, 선생님 치위생과는 뭐하는 곳이에요?"

"치과 간호사지."

"그럼. 돈은 잘 벌까요?"

내가 원하는 목표가 없다 보니 나는 그저 돈을 잘 버는 직장을 구해야겠다는 생각밖에 못 했다. 내가 설문지에 적은 대로 나는 치과 간호사, 치위생사가 됐다. 나는 이때만 해도 꿈은 어느 누군가만 꾸는 특별한 어떤 것인지 알았다. 이렇게 꿈에 대해서 전혀 몰랐다. 그런데 책을 읽으면서 나에 대해서 진지하게 생각해보게 되었다.

꿈은 반드시 이루어진다

'지금 이 자리에 있는 내가 과연 내 자리일까?'

'나는 지금의 일을 진정으로 좋아하는가?'

'나는 앞으로 어떻게 살아가고 싶지?'

'지금 이렇게 살지 않으려면 나는 어떻게 해야 하지?'

책을 읽고 생각이 커지고 깊어지면서 나와 인생에 대해 진지하게 고민하고 생각하게 되었다. 가끔은 주변 친구들에게 물어봐도 속 시원한 답을 얻지는 못했다. 나는 스스로 답을 찾아야 했다. 내가 도움을 청할 것은 책밖에 없었다.

책을 열심히 읽었다. 굳이 나의 꿈을 찾고자 읽는 것만은 아니었다. 지금 나의 필요에 의해 읽기도 했고, 앞으로 나를 위해 투자한다는 생각에 책을 읽기도 했다. 책은 나의 선생님이었고 인생을 현명하게 살아가는 방법을 알려주었다. 생각의 크기를 키워주는 멘토는 나에게 책뿐이었다. 열심히 책을 읽던 어느 날 갑작스럽게 스치듯 어떤 생각이 지나쳤다.

'나도 책을 쓰고 싶다.'

'책을 써서 힘든 사람들에게 희망을 주는 사람이 되고 싶다.'

'나도 힘들게 살아왔지만 지금 이렇게 잘 살고 있으니 당신도 잘 이겨내고 더 잘 살 수 있다고 말해주는 사람이 되고 싶다.'

책을 읽으면서 나에게 처음으로 꿈을 심어주었다. 그리고 잠시 잊고 살았다. 그래도 마음 한 구석에서는 항상 희망을 주는 메시지를 주는 사람이 되고 싶다는 생각을 계속했다.

나는 꿈은 이루어진다는 말을 믿는다. 당신은 어떻게 생각하는가? 내가 꿈이 이루어진다고 생각하는 이유는 지금은 내가 20대 때 스쳐 지나가면서 했던 내 꿈을 향해 가고 있기 때문이다. 바로 책을 쓰는 것이다. 나는 지금 책을 쓰고 있다. 생각하지도 못하게 갑작스럽게 일어난 일이다.

우연히 김태광(김도사) 작가의 책들을 읽게 되었고, 그를 찾아가 작가가 되는 방법을 알게 되었다. 지금 나는 김도사님의 도움을 받아 작가의 길을 가기 위해 한 걸음씩 나아가고 있다.

내게 책을 읽는 습관이 있지 않았다면, 내가 김도사님의 책을 읽지 않았다면 나의 꿈을 지금 이룰 수 있을까? 이룰 수 없을 것이라 생각한다. 나는 책을 읽으면서 꿈을 이루는 방법을 알게 되었다. 책은 내가 꿈을 이룰 수 있는 길을 알려 주었다. 책은 나에게 꿈은 이뤄진다고 말해주었다.

세상에는 많은 책들이 있다. 그중에 내가 읽은 책은 얼마 되지 않는다. 그래도 내가 알지 못하는 것들을 알게 되고, 내 꿈을 찾게 되었고, 내 생각의 그릇을 키우며 많은 영감을 주는 책들을 만난 것을 행운이라 생각한다. 내가 방황하고 힘들어하고 있을 때 책은 나에게 꿈을 심어주기도 하고, 앞으로 나아갈 길을 제시해주기로 하고 지혜를 주기도 했다. 우리가 살아가면서 멘토가 필요한 이유는 바로 이것이다.

멘토는 우리에게 길과 방향을 제시해준다. 어떤 일을 하든 선택에는 후회가 있을 수 있다. 하지만 책을 통해 우리는 먼저 걸어간 사람들의 이야기를 접하고 그들의 많은 실수와 후회를 초석 삼아 우리의 인생에서 가장 큰 실수를 피할 수 있게 된다. 멘토는 우리에게 꿈을 심어준다.

내가 책을 만나고 가장 크게 달라진 것은 바로 꿈과 사고의 깊이다. 책을 읽기 전까지 나는 한계를 스스로 정하고 꿈조차 꾸지 못했다. 그런데 책을 읽으면서 꿈이 생겼고, 지금 나는 꿈을 이루고 있다. 책이 그 역할을 해주었다. 내 인생의 최고의 멘토는 책인 셈이다.

인생을 바꾸는 책들을 만나면 생각과 관점이 달라지는 걸 느낄 수 있다.

그때 내 행동이 바뀌고 행동이 바뀌면서 습관이 생긴다. 책은 내 인생을 지배해 다른 방향으로 나아가게 한다. 그것은 인생에 희망과 즐거움을 함께 가져다주는 최고의 멘토이다.

08

인생은 선택의 연속이다

인생은 선택의 연속

노란 숲속 두 갈래로 길이 나 있었습니다.

두 길 다 가보지 못하는 것이 안타까워,

한동안 나그네로 서서

한쪽 길이 굽어 꺾여 내려간 곳으로

눈이 닿는 데까지 멀리 바라보았습니다.

그리고 똑같이 아름다운 다른 쪽 길을 택했습니다.

(중략)

아, 나는 다음 날을 위하여 한쪽 길을 남겨두었습니다!

하지만 길은 길로 이어지는 것이어서

다시 돌아올 수는 없는 법.

먼 훗날 어디선가

나는 한숨을 쉬며 말할 것입니다.

숲속에 두 갈래 길이 있었는데,

나는 사람이 적게 간 길을 택했노라고.

– 로버트 프로스트, 「가지 않은 길」

인생은 선택의 연속이다. 사소한 것부터 시작해서 중요한 문제에 이르기까지 우리는 매 순간을 선택한다. 그 선택을 어떻게 하느냐에 따라 결과는 달라진다. 그리고 선택한 대로 행동하고 결과를 받아들인다. 결과는 때로는 만족스러울 수도 있고, 때로는 그렇지 않을 수도 있다.

우리는 언제, 어떤 선택을 해야 할지 다 알 수 없다. 왜냐하면 인생은 모든 사람에게 처음이기 때문이다. 그래서 우리는 모든 선택의 순간이 지나가면 앞에 나온 시처럼 탄식한다. 그래서 덜 후회하기 위해 다른 누군가에게 선택권을 넘기기도 한다. 각 분야의 전문가에게 선택권을 맡기게 된다. 아니면 무난하게 사람들이 가는 넓은 길을 가게 된다. 본인의 생각이 아니라 주변 상황에 휘둘려 살아가는 것이다. 수동적으로 살아가는 삶이다.

이럴 때 책을 선택해서 읽어보는 것이 어떨까? 책에는 내가 했던 고민과 지금 하고 있는 고민과 앞으로 하게 될 고민까지 담겨 있을 뿐만 아니라 그에 대한 답도 나와 있다. 우리의 인생에는 수많은 고민이 있고 수만 갈래의 길이 있다. 그 고민의 길에서 방황할 때 책에 의지해 조언을 구해 보는 것을 추천한다.

특히나 현대 사회는 많은 사람들이 자신의 인생의 방향을 모른 채 무작정 열심히 달려가고 있다. 어디로 달려가는지 모르면서 무작정 열심히 달리기만 한다. 달리면서도 허무함과 회의감을 느끼지만 주위의 다른 사람들도 뛰고 있기 때문에 그저 아무 생각 없이 주위 사람들을 따라 같이 달린다.

이렇게 어디로 가야 할지 모르는 목적 없는 인생의 방향을 모른 채 허무함과 회의감으로 살아가는 사람들에게 필요한 것이 무엇일까?

그들에게 필요한 것은 바로 책이다. 책을 집중적으로 읽다 보면 인생의 방향이 보이게 된다. 책을 통해 우리가 어디를 향해 가야 하는지에 대한 인생의 방향을 알려줄 수 있다. 책은 인생에 대한 사람들의 깊은 고민의 흔적이다. 그러므로 우리는 책을 읽어야 한다. 책을 읽으면서 인생을 어떻게 살아야 하는지, 무엇을 추구하고 살아야 하는지 인생의 목적과 방향을 발견하게 된다.

우리 인생의 나침반

이상민 작가는 『나이 서른에 책 3000권을 읽어봤더니』에서 말했다.

"책은 세상의 현자들이 쓴 것으로 인생의 길을 열 수 있는 나침반이다."

책은 우리 삶의 방향을 제시해주는 나침반과 같은 존재이다. 어디로 가야 할지 모르고 방황하는 사람들이 책을 읽을 때 인생의 방향이 보이기 시작한다. 책을 읽으면서 자신이 어떻게 살아야 하고 어떤 방향으로 살아가야 하는지 눈에 보이기 시작한다.

책은 수많은 저자가 인생에 대해 고민한 흔적인 것이다. 이런 책들을 읽다 보면 인생의 앞길이 보이게 된다. 이것이 책이 주는 최고의 유익함이다. 책은 지식을 뛰어넘어 무엇을 위해 어떻게 살아가야 할는지를 알려주는 것이다.

나는 책이 사람의 인생을 바꾼다는 진리를 믿는다. 성공자들은 책을 통해 꿈을 실현하기 위해 엄청난 노력을 쏟아부었다. 포기하고 싶은 순간도 있었지만, 그때마다 책은 일어설 수 있는 힘이 되어주었다.

책을 읽으면 좋은 점은 손에 꼽을 수 없을 만큼 다양하다. 책은 성공한 사람들에게 배우는 교훈과 용기, 희망이라 생각한다. 성공한 사람들은 모두 책을 가까이했던 사람들이다. 그들의 성공 뒷면에는 언제나 독서가 있었다. 오죽했으면 빌 게이츠가 이런 말을 했을까?

"지금의 나를 만든 것은 동네의 공립도서관이었다. 훌륭한 독서가가 되지 않고는 참다운 지식을 갖출 수 없다. 멀티미디어 시스템이 정보 전달과정에서 영상과 음향을 많이 사용하지만 문자 텍스트는 여전히 세부적인 내용을 전달하는 최선의 방법이다. 나는 평일에는 최소한 매일 밤 한 시간, 주말에는 3~4시간의 독서 시간을 가지려고 노력한다. 이런 독서가 나의 안목을 넓혀준다."

그는 어린 시절부터 책벌레였고, 최고의 부자가 된 지금도 독서를 통해 성공을 이어가고 있다.

내가 책을 본격적으로 읽기 시작한 이유 중 하나는 인생을 잘 살고 싶은 것이었다. 순탄치 않은 가정 환경 속에서 누구보다 잘 살고 싶다는 욕망이

솟구쳤다. 제대로 된 인정받는 삶을 살고 싶었고, 경제적으로도 풍요롭게 살고 싶었다. 그런데 주위에서는 나에게 방법을 알려주지 않았다.

그때가 아마도 내 인생의 갈림길이었을 것이다. 그냥 현재에 안주하면서 힘들지만 누구나 다 그렇게 사는 것이라고 스스로 위안하며 그럭저럭 살아가거나, 지금의 현실을 깨고 편안함을 벗어나 힘든 것을 자처하는 삶을 선택하거나.

그런데 나는 책을 읽고 앞으로 나아가는 방향을 선택했다. 물론 쉽지만은 않았다. 새로운 환경에 적응해야 하고 새로운 것들을 배워야 하고 익혀야 하는 것이 편안한 일상을 벗어난 나에게 주어진 과제였다. 그래도 나는 책이 나에게 주는 과제에 충실하며 책이 알려준 인생의 방향과 목표에 도달하기 위해 나와의 경주에서 열심히 달렸고 지금도 달리고 있다.

책은 나에게 나아갈 방향을 제시해준다. 책은 내 인생의 등대가 되어 내가 누구이며 무엇을 위해 어디로 가야 할지 인생의 길을 찾도록 도와주는 최고의 멘토이다.

최고의 인생을 사는 비결은 자신이 정말 원하는 것이 무엇인지 아는 것이다. 자신이 무엇을 좋아하는지 어떤 것을 진정으로 원하는지 찾는 것에 우리의 인생 수준이 달려 있다. 그런데 그것은 책을 통해서 가능하다. 책은 진정한 나를 마주하는 최고의 도구인 셈이다. 책을 읽자! 책을 읽고 인생에 대해 스스로 깊이 고민하고 사색을 하면 내가 진정으로 원하는 인생의 방향과 길을 찾게 될 것이다.

존 템플턴

영혼의 투자자

탐욕의 대명사인 월 스트리트의 일반적인 투자자들과 달리 존 템플턴은 박애정신에 입각해 투자를 한 사람이다. 이 때문에 그는 영혼의 투자자라고 불리게 된다. 그는 '템플턴 상'을 만들었고 '존 템플턴 재단'을 설립하여 매년 4,000만 달러 이상을 기부했다. '템플턴 상'은 테레사 수녀, 알렉산드르 솔제니친, 빌리 그레이엄 목사, 한경직 목사 등이 수상한 바 있다.

템플턴은 1954년에 '템플턴 그로스 펀드'를 출범시키면서, 펀드 운용 능력으로 인해 1999년에 '20세기 최고의 주식 투자자'로 선정되기도 했다. 템플턴 그로스 펀드의 출범 당시 10만 달러를 투자했다면 이 돈은 45년 만에 5,500만 달러로 불어났을 정도로 템플턴의 펀드 운용 성과는 탁월했고, 그의 명성은 뮤추얼펀드 업계의 신화가 되었다.

성공의 비결을 묻는 기자들의 물음에 그는 겸손한 성품의 소유자답게 "자신을 살아 있는 도서관으로 만들라."고 대답할 정도로 유명한 독서광임을 증명했다. 그는 월 스트리트의 철학자라는 소리를 들을 정도로 '영혼의 성장'이라는 철학적 주제에 능했고, 가능하면 책을 읽는 시간 가운데 일부라도 할애해서 정신을 맑게 해주는 책을 읽으라고 조언했다.

그가 주로 즐겨 읽는 책은 인문 고전(책)이었다. 그의 성품상 인문 고전(책) 독서를 많이 언급하지 않았다. 하지만 그의 저서 『템플턴 플랜』을 보면 성경 이야기가 주를 이루고, 아티파네스, 노자, 파스칼, 도머스 팔라일, 찰스 디킨스 같은 저자들의 말을 많이 인용되고 있다. 그리고 고등학생과 대학생들에게는 윤리학, 종교, 철학 분야의 책을 두루 읽으라고 강조했다. 즉 그는 열정적으로 인문 고전(책) 독서를 했으리라 예상된다.

그는 책을 항상 옆에 끼고 다니기로 유명했다. 기차 매표하기 위해 기다리는 시간이나 비행기를 타기 위해 기다리는 모든 시간에 책을 읽었다. 그는 독서에서 얻은 지식을 토대로 세상 사람들이 행운이라고 부르는 것을 얻었다고 고백했다. 이렇게 월 스트리트의 최고의 주식 투자가인 존 템플턴도 굉장한 독서가였다.

4장

좋은 책과 독서는 부를 끌어당긴다

01

출퇴근 시간을 이용하자

길 위에 버려지는 시간

직장인이라면 누구나 출근과 퇴근을 해야 한다. 그 시간에 주로 무엇을 할까? 대부분은 모자란 잠을 자거나 스마트폰을 보거나 음악을 듣기도 한다. 그 시간을 좀 더 유용하게 보내면 어떨까?

출퇴근 시간을 이용해 책을 읽는 것은 아주 효과적인 방법이다. 책 읽기를 좋아하는 사람에게 출퇴근 시간은 놓칠 수 없는 최고 기회의 장소이고 시간이다.

나도 20여 년 가까이 직장 생활을 하고 있다. 출퇴근 시간을 모두 합치면 대충 얼마나 될까? 2019년 4월 3일 MBC 뉴스데스크에 나온 "출퇴근 평균 3시간…'한 달'을 길 위에서 보낸다."라는 기사가 나왔다.

"수도권에서 출근을 하는 데 걸리는 시간은 평균 1시간 21분이라는 조사결과가 나왔는데요. 퇴근하는 시간까지 더하면 출퇴근 시간, 최소 3시간이 넘게 걸립니다. 이걸 1년으로 환산해보면, 무려 한 달을 길 위에서 보내는 셈입니다. OECD 국가의 평균 출퇴근 시간은 28분. 하지만 우리나라 수도권 직장인들은 6배 많은 시간을 매일 길 위에서 보내야만 합니다."

위 기사와 같이 직장인은 출퇴근 시간을 길 위에서 보내야 한다. 평균 3시간, 무려 '한 달'이라는 시간을 여러분은 어떻게 보내고 있는가?

나도 출퇴근을 하기 위해 대중교통을 이용했던 적이 있다. 나에게는 버스보다 지하철을 이용하는 것이 더 좋았다. 나는 지하철을 타자마자 바로 책을 꺼낸다. 갈 때도 읽고, 집에 돌아올 때도 읽었다. 어떤 날에는 책을 읽다가 몇 정거장을 지나칠 때도 있었다. 한번 몰입을 해서 읽으면 가끔 일어나는 일이었다. 나에게는 지하철의 약간의 흔들림과 소음이 최고의 집중을 할 수 있는 장소였다.

버스 안에서도 책 읽기를 할 수 있지만, 나 같은 경우에는 출퇴근하는 버스 안에서는 읽지 않는다. 멀미를 하기 때문이다. 정차를 할 때마다 흔들림이 너무 힘들었다. 그래서 출퇴근 버스 안에서는 읽지 않지만, 장거리 이동하는 버스는 책 읽기에 더할 나위 없이 좋은 장소이다.

요즘 직장인들은 바쁘게 살아간다. 과도한 업무로 인해 피곤이 누적된 삶을 살아가고 있는 것이다. 그래서 독서는 엄두도 못 낸다고 한다. 책을 읽는 대신 쉬는 날에는 집에서 밀린 잠을 자거나 아무 생각 없이 쉬고 싶어 한다. 만약 책을 읽더라도 직장인들은 보통 집에서 읽으려고 한다. 하지만 집에서 책을 읽는 것은 습관이 되어 있지 않으면 결코 쉬운 일이 아니다. 집에서는 유혹이 많다. 일단 TV가 있기 때문에 책을 읽기가 힘들고, 소파나 침대가 있어서 눕고 싶어지기 때문이다. 이렇기 때문에 책 읽기가 습관이 되어 있지 않다면 집에서는 여간 어려운 일이 아니다.

독서하기 좋은 환경을 찾자

"오늘 나를 있게 한 것은 우리 마을 도서관이었다. 하버드 졸업장보다 소중한 것이 책 읽는 습관이었다." 빌 게이츠가 한 말이다. 빌 게이츠는 책 읽는 습관이 하버드 졸업장보다 소중하다고 한다. 도대체 책 읽는 습관이 얼마나 대단하면 빌 게이츠가 이렇게 말했을까?

사람들에게 하버드 졸업장과 책 읽는 습관 중 하나를 고르라고 하면 과연 무엇을 선택할까? 아마도 대부분의 사람은 하버드 졸업장을 선택할 것이다. 빌 게이츠가 말한 의미는 '둘 중에서 무엇이 내 삶에 가치 있는 결과를 주겠는가?'라는 것이다. 하버드 졸업장은 단순히 졸업장에 불과하다. 단지 하버드를 졸업했다는 것을 증명하는 것이다. 졸업장은 과거를 증명하는 것에 불과하다. 졸업장은 현재와 미래에 영향을 줄 수 없는 것이다. 물론 남들이 부러워하며 환호할 수는 있지만 졸업장 자체가 내 인생에 큰 영향을 주지는 않는다는 것이다.

그러나 책 읽기는 살아 있다. 현재를 살아가고 있는 것이다. 그리고 무엇보다 미래에 영향을 준다. 책 읽는 습관을 통해 꾸준한 책 읽기가 가능한 것이다. 책 읽기를 통해 얻은 것은 인생에 적용이 가능하다. 그래서 책 읽기는 살아 숨 쉬는 것이다. 한번 들인 습관은 평생 간다. 나와 같이 살아가면서 나를 성장시켜주는 도구가 될 수 있다. 책 읽는 습관을 잘 들이면 나의 미래를 바꿀 수 있다. 처음에는 습관을 들이기가 쉽지 않다. 하지만 습관은 책 읽기에서 가장 중요한 것 중 하나이다.

책 읽는 습관이 되어 있는 나도 집에서는 웬만하면 책을 읽지 않는다. 항상 집에 TV가 켜져 있고 반려동물들도 있기 때문이다. 집중해서 읽으려고 하면 식구들이 나를 찾는 일도 많고 심지어는 옆에서 이야기를 하기도 한다. 평소에 하지 않던 이야기도 꼭 내가 책을 읽으려고 하면 한다. 그리고 집에 있으면 신경 쓰이는 일이 많다. 평소에 보이지 않던 먼지가 보여 청소를 하고 있는 나를 발견할 때도 있다. 강아지, 고양이 밥도 챙겨줘야 하고, 간식도 챙겨줘야 한다. 산책도 해줘야 하고, 놀아도 줘야 한다.

가끔 가족들은 TV를 보다가 나를 부른다. 저것 좀 보라고. 어느 때는 거실로 나와 TV 시청을 하고 있기도 하다. 한번 보게 된 TV는 다른 프로그램까지 이어질 때가 많다. 아니면 스마트폰을 보고 있기도 하다. 이렇듯 집에서는 책을 읽기 위해 집중하기가 어렵다. 나를 유혹하는 것이 너무나 많기 때문이다.

혼자 있어도 책 읽는 습관을 들이는 것은 여간 어려운 일이 아니다. 그런데 가족과 함께 있으면 더 힘들다. 이렇게 집에서 책을 잡는 것은 어렵다.

책을 읽을 때는 환경이 중요하다고 생각한다. 특히나 처음으로 책을 읽으려는 사람은 더욱 환경에 신경을 써야 한다. 나도 주변에 아무도 없었기에 책을 읽을 수 있었다. 함께 어울릴 친구들이 없었기 때문에 '책이나 한번 읽어볼까?'라고 생각했고 그것이 행동으로 이어졌다. 그리고 지금 책 없이는 못 살게 된 것이다. 그때는 오로지 책 읽기에만 집중할 수 있었다. 책 읽는 것 외에는 할 일이 없었다. 그랬기 때문에 나에게는 책 읽는 습관이 생긴 것이다.

책 읽는 습관이 안 된 상태에서 꾸준한 책 읽기는 불가능하다. 책 읽는 습관이 얼마나 중요한지는 빌 게이츠도 말하지 않았던가. 하버드 졸업장보다 더 소중하다고 말이다. 집에서 처음 책 읽기를 한다는 것은 어렵다. 책 읽기가 별거 아닌 것 같아도 습관을 들이기까지가 어려운 것이다. 집에는 유혹이 많다. TV, 스마트폰, 반려동물들, 가족 등.

책을 읽지 않는 것은 진정한 내가 없다는 것이다. 즉, 내 인생의 기준이 없다는 뜻이기도 하다. 우리는 나를 세우고 인생의 기준을 세워야 한다. 그래야 상황에 지배당하지 않게 된다. 책 읽기를 통해 꾸준히 나 스스로에게 질문을 해야 내가 상황을 지배할 수 있는 것이다. 내 인생에 하루라는 상황을 지배하는 것은 매일 성장하는 인생을 맞이하는 것이다.

"독서하기에 가장 좋은 장소는 어디인가요?"

물론 정해진 답은 없다. 내가 책을 들고 읽을 수 있는 곳이 최적의 장소이다. 사실 나는 걸으면서도 책을 읽는다. 그런데 처음 책 읽는 습관을 들이고 싶거나 최고의 몰입을 원한다면 여러분이 매일 반복하는 출퇴근 시간인 지하철이나 버스 안에서 책을 읽으라고 말하고 싶다. 우리가 무의미하게 버리는 '한 달'이라는 시간을 내 인생의 미래를 밝혀주는 책으로 채운다면 바로 그곳은 책 읽기 가장 효과적인 시간과 장소가 될 것이다.

02

행동하는 독서를 하자

인생의 방향을 잡다

"당신이 성공한 힘의 원천은 무엇입니까?"

"나를 이만큼 만든 것은 독서입니다."

오프라 윈프리의 대답이다. 그녀는 어릴 때부터 책을 많이 읽었다. 새엄마가 성경을 읽어주면서 책 읽기를 시켰다고 한다. 그리고 독후감과 발표를 엄하게 시켰다. 학교에서는 책을 많이 읽는다고 반 친구들에게 따돌림을 당하기도 했다.

그녀는 19세에 지역 라디오 방송국에서 일하게 되었고, 그녀의 재치 있는 말솜씨와 타고난 소통과 공감 능력은 청취자들을 사로잡았다. 그녀는 청취자들의 사연에 함께 울고 웃으면서 자신의 경험과 노하우를 숨김없이 말해주었다. 자신의 어두운 과거를 드러내면서 메신저가 된 것이다. 그녀의 힘은 바로 독서, 책 읽기였던 것이다. 다음은 그녀의 명언이다.

"다른 사람을 험담하는 사람을 멀리하라. 부정적인 이야기를 하는 사람은 반드시 부정적인 에너지를 가지고 있다. 나 자신까지 오염이 될 수 있으니 멀리해야 한다."

"나보다 나은 사람들과 만나고 친분을 쌓아라. 그들의 조언을 잘 듣고 충실히 이행하면 더 나은 삶이 된다."

"포기하지 말라. 포기가 습관이 되면 현실에서 자꾸 도망가게 된다. 도전정신이 중요하다."

참으로 공감 가면서 한 번쯤 깊게 생각해볼 말들이다.

오프라 윈프리의 인생은 태어날 때부터 순탄치 않은 인생이었다. 그녀는 사생아로 태어났고 9살에는 사촌오빠에게 성폭행을 당했으며, 14살에는 미혼모가 되었으며 그녀의 아들은 태어난 지 2주 만에 죽었다. 그야말로 불행한 삶을 산 것이다. 하지만 그녀는 책 읽기를 통해 자신에게 다가왔던 고난을 이겨내고 세상 앞으로 나아갔다. 그리고 세상에 가장 영향력 있는 인물 중 한 명이 되었다.

책은 이렇게 한 사람의 인생을 드라마틱하게 바꿔놓는 최고의 도구이다. 만약 그녀가 독서를 하지 않았다면 그녀의 인생은 지금과는 사뭇 다르게 흘러갔을지도 모른다.

나에게도 독서는 인생을 바꾸는 최고의 도구이다. 오프라 윈프리처럼은 아니지만 나도 내 인생이 불행의 수렁 속에서 빠져나오기 힘들다고만 생각하던 때가 있었다. 그런 생각이 들 때마다 인생이 무기력하게 느껴졌다. 그러면서 성격은 날이 갈수록 예민해지고 짜증만 늘었다. 집에 있기도 싫었다. 집에 있으면 불행의 수렁 속으로 더 빠져드는 것 같아서 답답했다. 나는 갈 데가 없어도 밖으로 나왔다.

본격적으로 책을 읽으면서 알게 된 것이 있다. 머릿속에만 담아두어서는 안 된다는 것이다. 내 인생에 적용해보기로 했다. 책에서 배운 성공자들이 인생을 대하는 자세나 방법들을 내 인생에 적용하면서 나는 불행의 수렁에서 점차 빠져나올 수 있게 되었다.

나는 자기계발서들을 읽으면서 내가 서툴렀던 사회에서의 인간관계가 좋아졌다. 방법을 알지 못해 힘들게만 느껴졌던 인간관계를 책에서 읽은 대로 적용해보면서 나의 직장 생활은 편해지기 시작했다. 문제는 나에게 있다는 것도 알게 되었다. 내 고집만 피우고 있었던 것이다. 어쩌면 나를 가장 잘 모르는 게 나 자신일 수도 있다는 생각을 했다. 객관적으로 볼 수 없기 때문이다.

내가 그 당시에 읽었던 책들은 데일 카네기의 『인간관계론』, 조신영, 박현찬의 『경청』, 한상복의 『배려』, 호아킴 포 포사다 『마시멜로 이야기』, 이민규의 『끌리는 사람은 1%가 다르다』, 조 고든의 『에너지 버스』, 강헌구의 『가슴 뛰는 삶』, 조엘 오스틴의 『긍정의 힘』, 『행복의 힘』 등이다.

책들을 읽으면서 나를 자세히 뜯어보았다. 책 속의 이야기와 대비해가면서 스스로 질문해보았다. 나는 과연 상대방의 입장에서 얼마나 생각하는가? 나는 얼마나 잘 들어주고 있는가? 나는 얼마나 배려해주고 있는가? 나는 목표가 있을 때 나의 인내심은 어디까지인가? 나는 과연 사람들에게 끌리는 매력적인 사람인가? 혹시 내가 에너지 뱀파이어는 아닌가? 나는 인생을 살면서 얼마나 가슴이 뛰었는가? 나는 얼마나 진실되게 긍정적이고 행복하다고 느끼고 있는가? 과연 나는 어떻게 인생을 살아왔고, 살아가고 있으며, 앞으로는 어떻게 살아갈 것인가?

이런 질문들을 하면서 책을 읽게 되니 가만히 있을 수만은 없었다. 나를 바꿔야만 내가 살아가는 인생이 행복하고 즐거워지고 성공의 길로 갈 수 있다는 결론이 나왔다. 그러려면 읽은 내용을 실천해보는 방법밖에 없었다.

인풋은 이제 그만

영화 〈매트릭스〉에 나오는 대사이다. “길을 아는 것과 길을 걷는 것은 분명히 다르다.”

인풋(Input)이 있으면 반드시 아웃풋(Output)이 있어야 한다. 독서로 바뀐 우리의 생각과 자세로 실제 인생에서 행동해야만 한다. 머릿속에만 있는 생각과 아이디어는 현실이 아니다. 행동을 해야 현실이 되고 인생이 변하게 된다. 내 인생에 아무런 변화를 주지 못하는 독서는 살아 있는 독서가 아니다. 죽은 독서다. 살아 있는 독서는 책에서 배운 지식과 지혜를 깨달은 데서 그치는 것이 아니라 그것을 가지고 행동하는 것이다. 행동하지 않는 독서는 죽은 독서이자 가짜 독서인 것이다.

내가 책을 읽고 점차 변한 것도 열심히 읽고 행동했기 때문이다. 인간관계에 힘들 때는 자기계발서들을 읽고 실천해서 사람들이 나를 좋아하게 만들고 더 긍정적으로 변했다. 경제적 자유를 위해서는 경매 책을 읽고 나서 경매를 배워 부동산을 알게 되었다.

주식에 관심이 생겼을 때는 주식을 공부해 수익도 내봤다. 그리고 지금은 4차 산업을 대비해 어느 누구도 대처할 수 없는 것을 대비해 책을 쓰면서 1인 창업을 위한 기반을 마련하고 있다. 이렇듯 나는 책을 읽으면서 읽는 데서만 그치지 않는다. 반드시 실천을 해본다. 실천해보지 않고 미래에 후회하는 인생을 맞이하기 싫기 때문이다.

책을 통해 아무리 많은 것을 배우고 깨달았더라도 행동하지 않으면 무용지물인 책 읽기가 된다. 그저 취미로 끝나는 것이다. 읽을 때뿐인 잠깐의 감동과 지식을 쌓는 것은 진정한 독서가 아니다. 읽고, 배우고, 깨달은 것을 실천하면서 행동하는 것이 진짜 독서가 되는 것이다. 그 진짜 독서가 내 인생의 변화를 일으키고 바꾼다.

세상은 지금까지 무수히 많이 변화해왔다. 그저 좋은 생각, 엄청난 이론이 세상을 바꾼 것이 아니다. 이것을 인생에서 행동했기 때문에 세상은 변했다. 단순히 책만 열심히, 많이 읽는 것이 아니라 책을 읽고 그 내용을 그대로 실천하는 사람만이 자신의 인생을 눈부시게 바꿀 수 있다. 앞서 이야기했지만 조지 버나드 쇼의 묘비명에는 이런 글귀가 있다. "우물쭈물하다가 내 그럴 줄 알았지."

03

수평, 수직 독서를 하자

누구에게 조언을 구할 것인가?

"남의 책을 읽는 데 시간을 들여라. 남이 애써 얻은 것으로 자기 자신을 쉽게 개선할 수 있다." 소크라테스의 말이다.

인간은 완벽한 존재가 아니다. 완벽한 인간이 존재할까? 어느 날 유튜브를 봤는데 그 유튜버가 말했다. 예수도 그 당시에는 사람들에게 욕을 먹었다고 한다. 신의 아들이고 완벽한 예수님도 사람들에게 욕을 먹었다고? 물론 예수님을 배척하는 사람들에게 배척당하면서 욕을 먹었을 것이라 생각하지만 예수님도 완벽한 존재는 아니였던 것이다. 하물며 인간은 더

더욱 완벽할 수 없다. 살다 보면 누구나 실수할 수 있고 잘못도 한다. 어떤 분야에서는 능력도 모자라다. 사람들에게는 장점과 단점이 있다는 말이다. 즉 이 세상에 완벽한 사람은 없다.

인생을 살아가면서 문제가 있을 때를 떠올려보자. 주변 지인이나 멘토들이 있다면 조언을 구하기 편할 것이다. 아니면 인생의 선배들에게 조언을 구하기도 한다.

하지만 가만히 생각해보면, 한 사람에게 조언을 구하고 어떤 것을 결정한다면 어떻게 될까? 그것은 그 사람이 세상을 바라보는 관점일 뿐이다. 다시 말해 그 사람이 한 방향으로만 바라보는 관점, 즉 편향된 사고이다. 그렇게 된다면 그 조언으로 선택한 결정은 올바른 결정이겠는가?

조언은 사람에게서만 구한다고 생각하는가? 조언을 책에서도 구할 수 있다. 책은 한 사람의 생각과 철학, 지혜가 담긴 것이기 때문이다. 물론 저자와 만나 조언을 구할 수 있겠지만 당장 만날 수 있는 조건이나 상황이 아니라면 책으로도 충분히 조언을 구할 수 있다. 책은 이미 저자의 생각과 철학, 지혜가 담긴 결과물이기 때문이다. 그래서 저자를 직접 만나거나 책을 읽는 것은 동일하다.

하지만 책이라고 해서 완벽한 조언을 하지는 못한다. 왜냐하면 저자도 장점과 단점이 있기 때문이다. 어떤 책은 여러 가지 정보로 가득 차 있고,

또 어떤 책은 첨예하게 한 가지 방법만 알려준다. 그래서 어느 분야나 인생의 조언을 얻고자 한다면 한 권만 읽어서는 안 된다. 그것은 한 명에게만 조언을 구한 셈이니 말이다.

나는 인생의 문제들에 조언을 구할 수 있는 주변인들이 없었다. 친구들에게는 더더욱 털어놓기가 힘들었다. 자존심이 상했기 때문이다. 그래서 내가 조언을 구하는 유일한 방법은 책이었다. 책에는 마음 놓고 나의 고민과 문제들을 털어놓을 수 있었다. 내 고민과 문제들을 책은 가만히 들어주고 거기에 맞는 대답을 해주었다.

나는 한 권에게만 조언을 구한 것이 아니다. 내 고민이 인간관계라면 인간관계에 관련된 책을 5~10권을 읽었다. 훌륭한 리더가 되고 싶다면 리더들이 쓴 책들을 읽었다. 인생을 어떻게 살아야 할지 알고 싶어서 철학서나 인문고전 등을 읽었다. 부에 관해 궁금할 때는 돈과 부에 관한 책들을 읽었다. 내가 빚이 있을 때는 빠르게 돈을 갚을 수 있는 돈에 관한 책들을 읽었다. 경매를 배울 때는 경매와 부동산에 관한 책들을 읽었다. 주식을 공부할 때도 주식의 고수들 중 고수에 해당하는 책들을 읽었다. 의식을 강하게 하고 싶을 때는 의식에 관한 책도 여러 권 읽었다.

이렇듯 내가 궁금하고, 배우고 싶고, 배우고 있는 관련 분야의 책들은 한 권만 읽는 데서 끝나지 않는다. 한 권만 읽는 것은 한 사람의 편협된 생각과 의식을 그대로 받아들이는 것이다. 옳고 그름을 알지 못한다. 나도 따라 편협해진다. 그렇기 때문에 내가 관심 있는 분야가 있다면 최소한 5권 이상은 읽어야 한다고 생각한다. 그래야만 내가 조언을 구하는 고민이나 문제의 답을 구할 수 있다.

가슴 뛰는 일을 생각하다

2009년에 이지성 작가의 『꿈꾸는 다락방』을 읽은 적이 있다. 'R=VD' 열풍의 시작이었다. 책은 내가 지금까지 경험해보지 못했고 읽어보지 못한 내용이었다. "생생하게 생각하면 이루어진다." 엄청난 내용이었다. 그 책을 읽고 이지성 작가에 대해 궁금해졌다. 그가 쓴 책들이 궁금해진 것이다. 그래서 이지성 작가가 쓴 『꿈꾸는 다락방』을 비롯해 『18시간 몰입의 법칙』, 『여자라면 힐러리처럼』, 『리딩으로 리드하라』, 『생각하는 인문학』을 읽었다. 최근에 그가 펴낸 『에이트』까지 읽었다.

나는 책을 읽게 되면서 한 저자의 책을 읽고 감동이 되면 그 저자의 책을 모두 찾아서 보는 편이다. 그의 생각이나 철학을 깊게 배울 수 있기 때문이다.

실제로 내가 이지성 작가의 『꿈꾸는 다락방』을 읽고 가히 충격에 휩싸여서 이지성 작가의 다음 카페 '폴레폴레'에 가입도 했다. 저자 팬 강연회가 있다고 해서 9살, 6살 조카들을 데리고 강연장에 찾아가기도 했다. 저자가 인생을 살아오면서 배운 철학이나 사상을 직접적으로 듣고, 느끼면서, 배우고 싶었기 때문이다.

책을 읽게 되면 익숙한 생각과 환경에서 벗어나게 해준다. 책을 읽게 되면 내가 살고 있는 세상에서 벗어나게 되고 더 넓은 세상을 보게 된다. 나는 책을 통해 넓은 세상을 맛볼 수 있었다. 이 세상은 다양한 인종과 생각이 존재하는 다양한 세상이었다. 내게 중요한 것이 누구에게는 아무것도 아닐 수 있고, 내가 아무것도 아니라고 생각하는 것이 그 누군가에게 정말 중요한 것이었다.

나는 책을 읽으면서 나의 편협한 생각에서 벗어나기 시작했다. 책을 통해 먹을 것이 없어 죽어가는 나라의 사람들을 만날 수 있었고, 전쟁과 가난에 찌들어 고통받는 세상도 만날 수 있었다. 또 지금은 나라를 빼앗겨 힘들지만 그 나라를 찾기 위해 나를 희생하면서 희망을 잃지 않는 세상도 만날 수 있었다. 책을 읽게 되면서 나는 놀라운 세상을 맛보았다. 이렇게 여러 세상을 만나면서 나는 나만 생각하는 인생에서 다른 이들도 볼 수 있는 눈도 갖게 되었다.

인생에 고민이 있거나 문제 해결의 최고의 멘토이자 도구는 책이다. 책에서 동서양의 유명한 성공자들을 멘토로 만날 수 있다. 자신이 종사하는 분야, 의식 도서, 부, 성공, 재테크 등의 비법을 이미 그 분야에서 성공한 사람의 책으로 만날 수 있다. 책에서 만난 방법이 가치가 있고 성공 확률이 크면 자신이 지금까지 해왔던 방법과 바꿔도 좋다. 그렇게만 되면 얼마나 큰 성공을 할 수 있을지, 그 한계를 알 수 없다.

어떤 사람들은 책과 자신이 맞지 않는다고 말하기도 한다. 책과 맞지 않는다는 말은 맞지 않다. 단지 어렸을 때 책을 접할 기회가 적었을 뿐이다. 그런 사람들은 책 읽는 습관이 형성되지 않아 나이 들어서 책 읽기를 불편하고 어렵게만 느끼는 것이다.

책이란 누구는 맞고, 누구는 맞지 않는다고 할 수 있는 본질의 것이 아니다. 책은 맞고 안 맞고를 떠나서 누구나 읽어야 한다. 인류의 문화와 자산이 담겨 있기 때문이다. 거기에 지혜까지 담겨 있다.

책은 읽으면 읽을수록 더 많이 알고 싶은 욕구가 생기고 더 많이 읽고 싶어진다. 다양한 분야의 책을 읽으면서 세상을 바라보는 다양한 관점을 얻게 된다. 다양한 관점에서 생각하게 되는 것은 편협한 사고에서 벗어나는 것이다. 이것이 수평 독서의 가장 큰 장점이다. 다양한 관점에서 자신이 배우고자 하는 일이나 나아가고자 하는 일을 배우고 싶다면 한 분야를 깊이 파는 수직 독서를 해야 한다. 수직 독서로 전문성을 기를 수 있기 때문이다. 수평, 수직 독서를 통해 나의 사고의 넓이와 깊이를 깊게 하고 전문성도 길러보자.

04

각 분야에서 성공한 사람의 책을 읽자

성공자가 성공할 수밖에 없는 이유

소크라테스가 말했다. "남의 책을 읽는 데 시간을 보내라. 남이 고생한 것에 의해 쉽게 자신을 개선할 수 있다." 책에는 다른 사람이 성공한 비법, 생각, 원리, 경험, 지혜 등이 담겨 있다. 책을 읽으면 저자의 성공 방법을 배울 수 있어 도움을 얻을 수 있다.

만약 성공한 사람들의 저서를 읽으면 어떻게 될까? 성공한 사람의 저서에는 그가 겪은 시행착오들이 담겨 있고 그만큼 실수나 실패를 줄일 수 있다. 그로 인해 더 빠르게 성공하는 길을 알게 된다. 그리고 성공하는 데 필요한 능력이 무엇인지도 알게 된다. 어떤 능력들이 필요한지 알려면 그 능력이 뛰어난 사람의 책을 읽으면 된다. 즉, 책 속에 성공한 사람들이 나의 멘토가 되는 것이다.

성공한 사람들은 대부분이 독서광이다. 그들은 지금의 성공의 자리에 있게 한 것은 독서라고 해도 과언이 아니라고 한다. 그럼 왜 성공한 사람들은 독서를 강조할까? 그것은 독서의 힘을 알기 때문이다.

개그맨 고명환은 현재 메밀국수 장사를 하고 있다. 그는 여러 번의 사업 실패 후 집중적인 독서를 했다고 한다. 책을 읽으면서 성공한 사람들의 비결과 노하우들을 배웠다. 장사에 성공한 방법과 아이디어 등을 배워 지금은 메밀국수 장사로 연 10억 원 이상의 매출을 올리고 있다고 한다. 그는 책을 통해 장사에 성공하고 자신의 성공 노하우를 알리기 위해 『책 읽고 매출의 신이 되다』라는 책도 펴냈다. 책이 정말 성공으로 이끄는 최고의 안내자라는 것을 삶을 통해 증명하고 있다.

내 가방 속에는 항상 책이 들어 있다. 읽든 읽지 않든 책을 항상 가지고 다닌다. 읽고 싶을 때 언제든지 끄집어내서 읽을 수 있기 때문이다. 한번은 지인을 만난 적이 있는데, 내 가방에 책이 들어 있는 걸 보고 한마디한다.

"자기는 항상 책은 가지고 다니는구나."

"응? 그럼요."

"항상 열심히 사는 자기 모습을 보면 보기 좋아."

"J님도 책 읽잖아요?"

"읽긴 하지. 자기만큼은 아니지만. 근데 너무 책만 읽는 것 아냐? 읽는 게 나쁜 건 아니지만 그래도 지금 자기는 책을 읽는 것보다 결혼이나 이런 것을 생각해야 하는 거 아닌가 해서."

"저는 결혼보다 스스로 성공하고 싶어요. 성공하려면 책을 읽는 것은 기본이에요. 책을 통해 기회를 잡을 수도 있고, 기회가 온다면 준비해두었다가 잡을 수 있어야 하거든요."

물론 그 지인도 책을 읽긴 한다. 하지만 나처럼 치열하게 읽거나 성공을 붙잡기 위해 읽진 않는 것 같았다. 누구나 책 읽는 목적은 다 다르다. 누구에게는 취미가 될 수도 있고, 누구에게는 지식을 얻기 위한 것일 수도 있고, 누구는 성공하기 위해 책을 읽기도 한다. 어떤 목적을 가지고 책을 읽느냐는 본인의 자유의지다.

책으로 미래를 만나고 준비하자

실제로 나는 작년에 베스트셀러가 된 이지성 작가의 『에이트』를 읽었다. 『에이트』를 읽으면서 나는 충격에 휩싸였다. 미래는 인공지능 시대다. 사람이 일을 하는 것보다 사회 어디에서든 사람 대신 AI가 일을 하게 될 것이다. 그러면 사람은 점점 일자리를 잃게 된다는 것이다. 인공지능이 사람을 대체하는 것이다.

인공지능에 대체되지 않는 사람이 되어야 한다고 저자는 역설하고 있다. 그러기 위해 지금 선진국에서 어떻게 대처하면서 교육하고 있는지를 자세히 이야기해주고 우리나라와 내가 나아갈 길의 방향을 제시한다.

그 책을 덮는 순간, 아니 읽는 내내 나는 무서웠다.

'인공지능이 대체하게 되면 인간은 이 세상에 존재할 이유가 있는 것일까? 인공지능에 대체된 사람들은 앞으로 수입이 없어지면 어떻게 살아가는 것일까? 인공지능에 대체되지 않는 사람이 되려면 어떻게 해야 하지? 인공지능에 대체되지 않는 창의적인 일을 할 수 있는 방법을 찾아야 하는데 도대체 무엇일까?'

나는 책을 읽는 동안에도 읽고 나서도 걱정이 되었다. 그리고 기도했다. 인공지능에 대체되지 않는 나만의 독창적인 일을 할 수 있는 방법을 찾게 해달라고.

그리고 나는 우연히 방법을 발견했다. 우연히 유튜브에서 '김도사TV'가 떴다. 영상을 몇 개 보다가 그에 대해 궁금해서 그의 저서를 몇 권 읽었다.

이것은 내 고민과 기도의 응답이었다.

나는 지금 책을 쓰고 있다. 책을 쓰기 위해서 나는 책 쓰기 분야에서 최고로 성공한 사람의 책을 읽었다. 책 쓰기 분야의 최고는 단연 '김도사'라고 불리는 '김태광' 작가다. 그는 24년 동안 212권의 저서를 출간했고, 1,000여 명의 작가들을 배출한 책 쓰기 분야에서 최고의 인물이다.

나는 그의 저서 『김대리는 어떻게 1개월 만에 작가가 됐을까』, 『가장 빨리 작가 되는 법』 등 여러 권의 책을 읽었다. 책에는 어떤 분야의 사람에게는 어떤 주제로 책을 쓰는 것이 좋으며, 책을 쓰기 위해 기획하는 방법이나 원고 매수를 계산하는 방법도 알려 주고 있다. 본인이 저자의 삶을 살아가면서 겪은 시행착오를 알려주면서 누구보다 빠르게 작가 되는 방법도 알려주고 있다. 나는 그의 책을 읽는 데서만 그치지 않고 직접 수업을 들으면서 더 빨리 작가가 되기 위한 노하우들을 전수받고 있다.

이렇게 책은 나아가고 싶은 길을 더 빠르게 갈 수 있도록 도와주는 길잡이가 되어준다. 그리고 그 책을 쓴 저자와 만나서 직접 그의 노하우 등을 배울 수 있다면 금상첨화이다.

성공하기 위해 책을 읽는 사람들은 성공한 사람들의 책을 통해 저자의 성공 철학을 들을 수 있다. 책을 읽고 저자를 너무나 만나고 싶다면 만날 수 있는 방법들을 찾아내서 직접 찾아가 멘토링을 받을 수도 있다. 그러면 저자들은 도움을 청했을 때 기꺼이 손을 잡아준다. 자신의 책을 읽고 감동을 받아 저자의 성공 노하우를 배우겠다고 직접 찾아온 사람을 야박하게 내치는 성공자는 없다. 그들이 더 호의적으로 방법을 알려주기도 한다.

세계 최고의 부자 빌 게이츠에게는 생각 주간이라는 것이 있다. 빌 게이츠는 1년에 두 차례씩 일주일 동안 별장에 은둔하여 책을 읽고 몰입하며 생각한다. 이 생각 주간에 그는 기술과 마이크로소프트의 미래에 대해 심사숙고했으며, 그 결과 1995년에 '인터넷의 흐름이 밀려온다.'라는 결과물이 탄생했다. 태블릿 PC도 이 기간에 탄생했다.

빌 게이츠는 아무리 바빠도 일주일에 1~2권의 책을 읽고, 휴가 때는 4~5권의 책을 읽는다고 한다. 통 큰 기부로도 유명한 그는 교육을 강조하면서 독서의 중요성을 이야기하고 독서를 권유하고 있다. 독서는 지식을 준다. 그 지식이 쌓이면 지혜가 된다. 그로 인해 빌 게이츠에겐 생각 주간에 번뜩이는 아이디어가 탄생한 것이다. 이것은 바로 독서 덕분인 것이다.

또 투자의 귀재 워런 버핏은 어떠한가? 그는 2000년부터 '버핏과의 식사' 프로그램을 진행하고 있다. 2020년 2월 7일에는 중국의 암호화폐 사업가와 저녁 식사를 했다고 한다. 그 비용이 무려 우리나라 돈으로 '54억 원'이다. 어마어마하다. 아무나 할 수 없는 식사이다. 우리는 이만큼 돈을 가지고 있지 않다. 하지만 그의 저서로 우리는 그를 만나볼 수 있다.

빌 게이츠와 투자의 귀재 워런 버핏뿐만이 아니다. 스티브 잡스, 소프트뱅크의 손정의, 조지 소로스, 세종대왕, 이순신. 이들의 공통점은 무엇일까? 그것은 바로 독서다. 치열한 독서를 했고, 독서를 통해 성공의 반열에 올랐다. 그리고 그들의 저서와 만남을 통해 성공하고 싶은 사람들에게 기꺼이 도움을 주고 있다.

책은 저렴하면서도 우리가 성공할 수 있도록 가장 효과적인 방법을 제시해주는 최고의 도구인 셈이다. 만약 당신이 진정으로 성공하고 싶다면 한 번만이라도 성공한 사람들의 말에 귀 기울여보라. 그리고 인생의 성공을 맛보라고 말해주고 싶다.

책이 시키는 대로 따라간

성공자들의 이야기 ⑦

워런 버핏

오마하의 현인, 세계적인 주식 갑부

"당신의 인생을 가장 짧은 시간에 가장 위대하게 바꿔줄 방법은 무엇인가? 만약 당신이 독서보다 더 좋은 방법을 알고 있다면 그 방법을 따르기 바란다. 그러나 인류가 현재까지 발견한 방법 가운데서만 찾는다면 당신은 결코 독서보다 더 좋은 방법을 찾을 수 없을 것이다."

워런 버핏의 말이다. 버핏은 독서야말로 가장 기본적인 자기계발의 도구라고 말하고 있다. 버핏은, 독서는 우리의 삶을 짧은 시간에, 가장 위대하게 바꿔주는 가장 좋은 방법이라고 말하고 있다.

버핏은 어렸을 때부터 아버지 서재의 책들을 읽었다고 한다. 아버지 서재에서 더 이상 읽을 책이 없을 때는 오마하의 도서관으로 가서 책을 읽기 시작했다. 특히 그는 주식 투자에 관한 책들을 즐겨 읽었다. 그는 어린 시절부터 독서의 경험을 통한 배움도 차곡차곡 쌓고 있었다.

버핏은 8살 때 주식 관련 책을 읽기 시작했으며, 10살 때에는 오마하 도서관의 투자 관련 책을 모두 읽었다. 10살 때 이미 투자 관련 독서는 끝냈던 것이다.

버핏은 버크셔해서웨이 CEO이자 2018년 총 재산 96조 9,441억 원으로 세계에서 가장 영향력 있는 100인에 뽑힌 인물이다. 그런 그가 주주총회에서 독서에 대해 강력히 주장하는 말을 한 적이 있다.

"닥치는 대로 읽어라. 10살 때 나는 오마하 공공도서관에서 투자 관련 도서는 모두 읽었다. 어떤 책은 2번 읽었다. 당신의 마음속에서 2가지 생각이 서로 충돌하도록 만들어라. 이 충동을 뛰어넘고 난 뒤 투자를 시작해라. 투자는 빠를수록 좋다. 나는 19살 때 읽은 책을 지금도 읽고 있다. 19살 때 책에서 얻은 사고의 틀은 76살인 지금도 그대로 유지하고 있다."

이렇듯 그는 지금도 책 읽는 것에 집착이라 할 만큼 힘을 쏟고 있다. 그는 아침에 출근해서 책상 위에 놓인 신문을 모두 읽는 것으로 시작해 잠들기 전까지 책을 읽는 것으로 유명하다. 하루의 3분의 1을 책 읽는 데 투자

하는 것이다.

세계적인 주식 투자가가 지금도 책에서 손을 떼지 않는 데는 책에서 얻는 지혜와 통찰이 그 어디에서도 얻지 못하는 소중한 자산이기 때문일 것이다. 그의 성공에 독서가 가장 큰 일조를 했음은 분명한 사실이다.

05

출근 전 시간을 이용하자

새벽형 인간

"시간과의 싸움에서 이기지 않으면 절대 인생을 지배할 수 없다." 작가 김태광의 말이다. 우리에게 주어진 시간은 한정되어 있다. 한정된 시간 안에 우리는 수많은 일을 해야만 한다. 하루 24시간 중에도 우리에게는 자투리 시간이 생기기 마련이다. 특히, 아침에 자투리 시간이 가장 많이 남는다. 이 아침을 어떻게 보내고 있는가?

요즘에는 밤과 낮이 많이 바뀐 사람들이 많이 있다. 나도 예전에는 그랬다. 저녁에 자는 게 그렇게 아까웠다. 그렇다고 그 늦은 저녁까지 공부를 한 것도 아니다. 책을 읽은 것은 더더욱 아니다. 그저 TV를 본다. 늦게까지 보는 TV는 그렇게 재미있을 수가 없었다. 늦게 자니 아침에 늦게 일어나는 것은 당연했다. 늦게 일어나면 하루의 시작이 바쁘다. 시간에 쫓겨 차분히 할 수가 없었다. 그리고 일찍 일어나더라도 출근 전까지 TV를 봤다. 참으로 지금 생각해보면 시간을 무의미하게 보내고 있었던 것이다.

한때 사이쇼 히로시의 『아침형 인간』이 베스트셀러가 된 적이 있다. 나도 당연히 이 책을 읽었다. 아침에 일찍 일어나면서 인생을 바꾼 사람들이 부지기수라고 말하고 있었다. 새벽을 여는 사람이 되어야겠다고 생각했다. 옛말에 "일찍 일어나는 새가 먹이를 많이 먹는다."라고 하지 않았던가. 남들보다 빨리 일어남으로써 성공의 길로 갈 수 있다는 것이다.

나는 이 책을 읽고부터 책을 새벽부터 읽어보자고 결심했다. 그리고 실행해보았다. 처음에는 힘들었다. 잠이 깨지 않아 책을 보는 데 눈이 감겼고 정신이 몽롱해서 집중이 되지 않았다. 습관이 들지 않아서였다. 우선은 습관을 들이는 게 중요했다. 그래서 처음에는 졸면서도 책을 읽었다. 어떨 때는 책에 코를 박고 자기도 했다. 그런데 차츰 시간이 지나면서 적응이 되어갔다. 책 읽는 데 집중이 되기 시작했다.

새벽에 책을 읽기 시작하면서 나에게는 변화가 찾아왔다. 바로 하루의 시작이 행복해지기 시작했다는 것이다. 아침에 책을 읽기 시작하면서 읽었던 책 내용을 곱씹으며 출근길에 사색을 하게 되었다. 그러면서 책의 내용과 하나가 되면서 나의 생각들이 넓어지기 시작했다. 하루의 시작을 행복감으로 시작하니 당연히 하루 종일 좋은 기분을 유지했다. 컨디션은 더 좋아졌다.

이렇게 새벽을 여는 것은 나에게 차츰 플러스가 되는 삶이 되었다. 책을 읽기 시작하면서 나는 새벽 시간을 활용하게 되었다. 새벽에는 아무에게도 방해받지 않고 내가 온전히 나만을 위한 시간을 보낼 수 있었다.

아침 독서로 성공한 사람들

우리가 흔히 생각하는 성공한 사람들의 대표적인 예가 스티브 잡스, 워런 버핏, 빌 게이츠, 버락 오바마, 오프라 윈프리, 손정의, 데일 카네기, 벤자민 프랭클린 등이다. 이들은 모두 독서광이다. 이들 중 책을 읽지 않고 성공한 사람은 단 한 사람도 없다.

특히, 아침에 책을 읽는다는 공통점이 있다. 주식 투자의 귀재 워런 버핏은 잘 알려진 독서광이다. 자신의 성공 요인도 책을 읽는 데서 비롯되었다고 말하고 있다. 그는 특히나 아침에 일어나 사무실에 출근하면 제일 먼저 하는 것이 자리에 앉아 책을 읽는 것이라고 한다.

성공한 사람들은 왜 아침 독서를 지향했을까? 하루 중 아침은 가장 집중력이 좋을 때다. 아침에 책을 읽게 되면 저녁에 책을 읽는 것보다 집중력이 2~3배가 좋다고 한다. 잠에서 막 깨어났을 때가 뇌의 흡수력이 가장 좋은 상태가 되어 있는 것이다. 그래서 끌어당김 법칙을 말하는 사람들은 아침에 의식이 깨자마자 자신이 원하는 꿈을 생생하게 그리라고 한다. 그 때 우리가 원하는 것을 그리면 가장 잘 받아들이는 상태라는 것이다. 그래서 독서광들은 하나같이 아침에 책 읽기를 추천한다.

새벽에는 진정한 몰입 독서가 가능하다. 읽는 대로 머릿속으로 들어온다. 읽고 나서 여운도 오래간다. 그렇기 때문에 새벽에 책을 읽는 것이 가장 효율적이다. 일찍 일어나기 위해서는 밤에 일찍 자야 하는 것은 물론이다. 일찍 자야 아침에도 일찍 일어날 수 있기 때문이다.

유대인 속담에 이런 말이 있다. "아침에 한 시간을 허비하면 하루 종일 시간에 쫓기게 된다." 내가 경험을 해봐도 그랬다. 저녁에는 하루 종일 일을 하게 되고 몸이 지치게 된다. 그러면 집중력도 떨어지기 마련이다. 읽던 책이 너무 재미있어서 늦은 밤까지 책을 읽기는 했지만 집중도 면에서는 아침에 책을 읽는 것이 기억에 더 많이 남았다. 성공한 사람들이 아침에 책을 읽는 것이 이해가 됐다. 몰입도가 가장 좋은 시간에 책을 읽어야만 사업에 대한 아이디어나 방향 등을 설정하기가 쉽기 때문이다.

하루의 시작도 여유롭게 시작할 수 있다는 장점도 있었다. 하루를 여유롭게 시작하면서 마음에 여유도 생기게 되었다. 아침에 출근도 여유롭게 할 수 있고, 일의 시작도 여유롭게 하는 것이 가능했다. 새벽에 책을 읽게 되면서 인생을 생산적인 삶으로 끌고 가게 되었다.

그런데 새벽에 일어나는 것은 생각보다 쉽지 않은 일이다. 습관이 되기까지가 힘든 과정이 될 수도 있다. 하지만 남들보다 빨리 하루를 맞이하면 어떤 이들보다 빠르게 성공할 수 있다. 자기계발을 위해 자신이 관심이 가는 분야에 시간을 할애할 수 있기 때문이다. 어떤 사람은 체력 관리를 위해 운동을 할 것이고, 어떤 사람은 자신의 전문 분야를 더 공부할 수도 있다. 누구나 자신의 필요에 맞게 새벽을 활용할 수 있다.

마쓰야마 시노스케의 『아침 30분 독서』의 내용이다.

"저자가 한 권의 책을 출판하기까지 10년이란 세월이 필요했다면 그 책에는 저자의 10년 치 경험이 고스란히 담겨 있는 셈이다. 그런데 우리는 출근하기 2시간을 이용해 책 한 권을 뚝딱 읽어낼 수 있다."

새벽이나 아침 시간을 이용해 책을 읽으면 저자의 10년 치 삶을 순식간에 살아보게 되는 것이다. 저자가 겪은 인생의 성공과 실패의 삶을 맛보면서 그의 지식과 지혜, 경험 등을 더 빨리 더 강하게 흡수할 수 있게 되는 것이다.

사람들은 책을 읽어야 한다는 것은 알고 있으면서도 시간이 없다는 핑계로 책 읽는 것을 소홀히 하고 있다. 그런데 조금만 더 빨리 일어나서 하루를 독서로 시작한다면 내 인생이 어떻게 될까?

흘러가는 시간은 아무도 기다려주지 않고 잡을 수가 없다는 것을 알고 있다. 한 번 흘러간 시간은 되돌릴 수가 없다는 말이다. 누구에게나 시간은 소중한 법이다. 그러니 이제부터라도 너무나 소중한 새벽 시간을 허무하게 소비하지 말고 책을 읽으면서 알차게 채워보자. 분명 그에 합당한 보상이 뒤따를 것이다.

06

필요한 부분만 골라 읽자

독서에도 방법이 있다고?

"책은 꼭 많이 읽을 필요는 없다. 중요한 것은 읽은 책의 요점을 파악하는 것이다." 중국 북송 중기의 유학자 정이의 말이다.

요즘은 어린아이부터 학생, 직장인, 어른들, 어르신들까지 누구 하나 바쁘지 않은 사람이 없다. 어린이들과 학생들은 학교와 학원, 공부방을 다니느라 바쁘고, 직장인들은 하루가 다르게 변하는 세상에 적응하며 늘어나는 업무량을 해내느라 바쁘다. 어른들은 아이들을 챙기고 집안일들을 하느라 바쁘다. 또 요즘 어르신들은 '놀면 뭐하나.' 싶어 손주들에게 용돈도 주고 가계에 도움이 되고자 소일거리 등을 하시느라 바쁘다.

이렇게 바쁜 요즘 세상에 책을 읽는다는 것은 엄두가 나지 않는다. 모두가 책을 읽으면 좋다는 것은 알고 있다. 하지만 바쁘게 하루를 지내고 집에 돌아오면 쉬어야 하기 때문에 정작 책을 손에 잡을 수가 없다.

나는 2005년을 기점으로 엄청난 양의 책을 읽었다. 자기계발서에 눈을 뜨면서 나를 돌아보게 되었고, 변하며 주변에서 인정을 받으면서 책의 매력에 흠뻑 빠지게 되었다. 그때부터 책을 게걸스럽게 읽었다. 나의 가방에는 항상 책이 들어 있었다. 지금도 그러하다. 오늘 읽지 않더라고 내 곁에 책이 있어야 마음이 편하다. 갑자기 읽고 싶을 때 언제든지 꺼내볼 수 있어야 마음의 안정을 찾았다.

책을 한번 펼치면 처음부터 끝까지 읽어야 했다. 그래야만 한 권을 다 읽었다는 뿌듯함을 느꼈다. 스스로의 뿌듯함도 있었지만 주변의 반응도 싫진 않았다. 오늘 읽은 책을 하루, 이틀 만에 다 읽고 다른 책을 읽으면 나를 대단한 시선으로 바라보며 이렇게 말하기도 했다.

"언니, 어제 읽은 책 벌써 다 읽었어?"

"최 팀장, 벌써 다른 책 읽는 거야, 전에 책 다 안 읽었지?"

"도대체 책을 어떻게 읽는데 그렇게 빨리 읽어?"

나는 내심 이런 말들을 즐기기도 했다. 어떨 때는 의무감에 더 빨리 읽기도 했다. 그러면서 나에게도 한계에 부딪치기 시작했다. 읽을 책과 읽고 싶은 책들이 많아지면서 하루 24시간이 모자라다는 생각이 들었다. 많은 책들을 읽고 싶어서 직장을 그만두고, 하루 종일 하루 24시간, 1년 365일을 책만 읽고 싶었다. 그래야만 책을 많이 읽을 수 있을 것 같았다.

그런데 현실은 그렇게 하기 힘들었다. 주어진 하루 24시간과 1년 365일을 시간 날 때마다 잠을 줄여가면서 읽어야만 했다.

한때는 속독법을 배우고 싶었다. 어떤 이는 속독으로 한 권을 짧게는 1~2시간, 길게는 3~4시간에 읽는다고 한다. 대단하다 싶었다. 이렇게 속독을 하면 적어도 하루에 2~3권은 거뜬히 읽어낼 것 같았다. 그런데 왠지 내키지는 않았다. 그렇게 속독이 되면 책 내용을 제대로 파악할 수 있을까 싶어서였다. 더 많은 책을 읽고는 싶었지만 내가 원하는 방법은 속독이 아니었다.

나는 책을 손에 한번 잡으면 처음부터 끝까지 읽었다. 그래야만 하는 줄 알았다. 책이란 본디 처음부터 끝까지 읽어야만 저자가 하고 싶은 말을 제대로 파악할 수 있는 것이라고 생각했다. 그래서 책을 읽으면서 한 장, 한 장 정성껏 읽었다. 처음부터 끝까지 읽어야만 책을 읽는다는 생각에 사로잡혀 있었다. 그게 책에 대한 예의라고 생각했다. 그래야 돈도 아깝지 않다고 생각했다. 그러다 보니 제한된 시간에 책을 읽어야 하는데, 내가 읽고 싶은 책들이 밀리기 시작했다.

발췌독이 좋은 이유

나는 지금 책을 쓰고 있다. 책을 쓰기 위해선 나의 주제와 관련된 경쟁 도서들을 많이 읽고 파악해야 한다. 경쟁 도서는 한두 권만으로는 안 되는 일이다. 이지성 작가는 책 한 권을 쓰기 위해 경쟁 도서를 100권 정도 읽는다고 한다. 100권. 엄청난 양이다. 물론 항상 책과 함께하는 작가이기 때문에 내용을 빨리 간파할 수도 있지만 엄청난 시간을 할애해야 할 것이다. 시간은 돈이다. 무엇과도 바꿀 수 없는 것이 시간이다. 책을 모두 읽는 것도 좋지만 그 많은 책을 다 읽으려면 시간을 엄청나게 소비해야 하는 것 또한 사실이다.

나는 책을 쓰기 시작하면서 알게 된 방법이 있다. 바로 책을 읽을 때는 발췌독을 하는 것이다. 발췌독이란 책의 일부분만 발췌하여 필요한 것만 읽는 독서법이다. 내가 발췌독을 알게 된 것은 정소장의 『몸값 높이는 독서의 기술』을 읽고 난 후다. 그는 책을 처음부터 끝까지 읽을 필요가 없다고 말했다. '응? 처음부터 끝까지 읽지 않는다고? 그렇게 되면 책의 내용을 다 파악하기 힘들 텐데 그렇게 읽는 게 가능할까?'라는 의문이 들었다.

그런데 그는 이렇게 이야기하고 있다.

"세상에 시간이 무한정 있는 사람은 아무도 없다. 빌딩을 여러 채 가지고 있는 부동산 부자도 시간은 한정되어 있다. 시간이 남아도는 사람은 결코 이 세상에 존재하지 않는다. 이렇게 시간이 없는데 책을 처음부터 끝까지 보는 사람이 너무 많다. 나는 발췌독을 해야 한다고 나의 첫 번째 책 『퇴근 후 1시간 독서법』에서 말했다. 특히나 실용서나 자기계발서들은 무조건 발췌독을 해야 한다.

발췌독 방법에는 여러 가지가 있다. 첫째, 책의 목차를 보고 필요한 부분만 읽는 방법이다. 둘째, 목차를 보고 느낌 가는 대로 읽는 방법이다. 셋째, 각 꼭지별로 마지막 결론만 읽는 방법이다."

나는 맞다 싶었다. 나는 그동안 내가 책을 읽는 습관을 생각해봤다. 나는 책을 사면 처음부터 끝까지 읽고 있었다. 처음부터 끝까지 읽어야 한다는 의무감이 있었던 것이다. 그래야만 책을 쓴 저자에 대한 예의라고 생각했던 것이다.

그런데 정소장님의 책을 읽어보니 그렇지 않았다. 어차피 내가 주로 읽는 책들은 실용서나 자기계발서가 주류를 이루고 있었다. 흐름을 파악해야 하는 소설이 아니었다. 나는 지금까지 소설처럼 실용서와 자기계발서들을 읽고 있었던 것이다. 나는 또 책을 통해 한정된 시간 안에 책을 효과적으로 읽는 방법을 알게 되었다.

내가 즐겨 보던 '작가 김새해' 유튜브가 있다. 그녀는 책을 소개해주는 북튜버다. 매일 거의 다른 책들을 소개해준다. 어느 날에는 한 구독자가 채팅창에 이런 질문을 했다.

"작가님은 책을 참 많이 읽으시는 것 같은데 어떤 식으로 책을 읽으세요?"

"저는 처음부터 끝까지 책을 읽지 않아요. 필요한 부분만 골라서 읽어요. 그래야 시간을 아낄 수 있으니까요."

이렇게 책을 소개해주는 북튜버도 시간을 벌고자 필요한 부분만 읽는 발췌독을 하고 있었다.

에센 바흐는 이렇게 말했다. "시간을 지배할 줄 아는 사람은 인생을 지배할 줄 아는 사람이다." 우리에게 주어진 시간은 한정되어 있다. 아무리 시간을 효율적으로 쓰는 사람이라고 해도 정해진 시간 안에 해야 할 일이 있다.

요즘처럼 바쁜 시대에 책 한 권을 다 읽는 것은 무리다. 부담감에 책 읽기를 시작도 하지 않는 사람들이 많다. 발췌독은 시간이 없어서 책 읽기를 미리 포기하는 사람들에게 책 읽기에 대한 부담감을 줄이는 희소식이 아닐까 싶다. 책의 목차 부분을 펼치고 내가 마음 가는 부분 먼저 보는 것이다. 처음에는 익숙하지 않아 많이 어색할 것이다. 하지만 몇 번 해보면 이것이 바쁜 현대인을 위한 진정한 독서법이라는 것을 알게 될 것이다.

이제는 책을 펼치고 느낌 가는 목차대로 책을 읽어보자. 목차 부분을 다 읽기에도 시간이 없다면 내가 마음이 가는 목차 부분을 찾고 마지막 결론 부분만 읽는 것이다. 결론에서 저자는 진정 하고 싶은 말을 정리해서 강하게 주장하고 있다. 그러니 정 시간이 나지 않는다면 마음 가는 목차를 고르고 결론 부분만 읽는 방법을 택하자. 필요한 부분만 읽어도 독서는 가능하다. 필요한 부분만 읽었을 때 무엇이 느껴지는지 알아보자. 그 느낌이 바로 책이 나에게 주는 메시지이다.

07

질문하는 독서를 하자

부자들의 독서법

"스스로 공부하는 가장 좋은 확실한 방법은 모든 것에 질문을 던지는 것이다." 존 스튜어트 밀의 말이다.

세상은 끊임없이 변해왔다. 그런데 그 끊임없는 변화는 모두 질문에서 시작했다. 지금 우리가 누리는 모든 것은 어느 누군가의 질문에서 시작하여 현실에 존재하게 된 것이다. 이렇듯 질문은 우리가 살아가는 데 없어서는 안 될 요소이다.

세상에서 제일 부자인 민족이 누구인지 아는가? 바로 유대인이다. 유대인은 나라가 없는 민족임에도 가장 부자인 민족이다. 세계 금융의 중심인 월 스트리트의 거부들은 대부분이 유대인이다. 금융뿐만이 아니다. 그들은 금융을 비롯해 정, 재계, 문화 사업 전반을 통해 그들의 영향력을 펼치고 있다. 그들의 영향력은 상상을 초월한다. 어떻게 나라가 없는 민족이 세상에서 가장 부자 민족이 될까? 이게 가능하단 말인가? 이것은 아마도 유대인만의 특별한 교육 철학이 만든 것이라 생각한다.

유대인들의 교육법은 특별하다. 이들의 일상은 질문과 토론으로 이루어졌다고 해도 과언이 아니다. 역대 노벨상 수상자 중에 유대인의 비율은 무려 약 22.5%에 달한다. 전 세계 인구의 0.2%에 불과한 유대인이지만 그들의 영향력은 대단하다. 유대인들이 어떻게 이렇게 세계에 영향력을 떨치게 되었을까? 그것은 바로 질문의 힘이다. 유대인들은 자녀의 질문을 절대 무시하지 않으면서, 자녀의 생각을 최대한 존중하며 논리적인 사고를 유도한다. 심지어 학교생활의 모든 것을 물어본다고 한다.

그런데 우리의 일상은 어떠한가? 내 경우만 해도 질문을 하는 삶을 살 수 없었다. 집에서 어른들에게 궁금한 게 있어서 물어보면 "뭔 말이 그리 많으냐? 시끄럽게 하지 말고 조용히 해. 몰라." 하면서 질문을 차단하는 삶을 살다 보니 질문을 하면 안 되는 걸로 인식하기 시작했다. 그리고 질문을 하면 서로 자신의 의견을 주고받으면서 본인들의 생각을 말하는 것이 아니라, 본인의 생각을 피력하기 위해 상대방의 질문에 대해 핀잔을 주거나 잘못됐다는 것을 알려줘야 한다는 의무감에 휩싸인듯이 이야기한다. 이렇다 보니 우리는 질문에 취약하다. 질문을 하면 공격을 받는다는 느낌이 강해서인지 질문 자체를 거부한다.

4대 성인 중 질문으로 유명한 사람이 있다. 누구인지 아는가? 바로 '소크라테스'다. 소크라테스는 '소크라테스식 수업'으로 유명하다. 이 '소크라테스식 수업'은 무엇인가? 주로 문답을 중심으로 하는 수업이다. 이것을 문답법이라고 한다. 문답법은 반어법과 산파술의 단계가 포함된다. 학습자의 무의식적 무지에서 의식적인 무지까지 이끄는 것이 반어법의 단계이고, 의식적인 무지에서 합리적인 진리로 인도하는 것이 산파술 단계이다. 소크라테스는 문제 해결 과정에서 문제와 관련된 질문을 하면서 문제 해결을 유도했다. 이 질문의 힘이 우리의 일상에서 살아 있어야 한다.

그런데 우리는 질문하는 삶과는 거리가 멀다. 학교에서도 수업이 끝날 때쯤 선생님은 말씀하신다. "질문 있는 사람?" 모두 고개를 숙인다. 혹시 선생님이 지적해서 질문을 시킬까 봐 더 무섭다. 혹시 누구 하나라도 질문을 하면 눈총의 대상이 된다. 빨리 수업이 끝나기만 바라는 마음뿐이었는데, 질문으로 수업이 늦게 끝나게 된다면 꿀맛 같은 휴식 시간은 더 짧아지기 때문이다.

학교생활뿐 아니라 사회 생활에서도 질문을 하면 바보로 여겨지기도 한다. 질문을 잘못하면 스스로에게 피해를 줄 수 있다는 생각에 질문하는 것 자체를 피하게 되는 것이다.

우리나라는 질문하는 것을 싫어한다. 우리나라의 교육 방식이 질문과 토론으로 이루어지는 방식이 아니라 주는 대로 받아들여야만 하는 주입식 교육이기 때문이다. 이렇게 우리는 질문에 인색하다.

질문하는 독서는 의식을 확장시킨다

이런 습성들이 책을 읽으면서도 이어진다. 나도 처음에 책을 읽을 때는 저자의 모든 것을 그대로 받아들였다. 옳고 그름을 판단할 수가 없었다. 그런데 책을 읽을수록 '이 책에서 저자가 말하는 게 맞는 것일까? 이게 진실일까? 이 방법이 최선인가?' 하는 생각으로 스스로에게 질문을 하게 되었다.

책은 저자의 인생을 통한 경험과 지혜가 담긴 것이다. 배울 점은 많다. 하지만 정답일 수는 없다. 여러 가지 방법 중에 한 가지이지 그것만 정답일 수는 없다는 말이다. 그에게는 맞지만 나에게는 맞지 않을 수도 있다는 것이다. 그렇다고 무조건 배척하라는 것이 아니다. 저자의 생각에 대해 스스로 질문을 해서 나의 생각을 더한다면 더할 나위 없이 좋은 독서가 될 것이다.

단순히 책을 읽는 것으로는 자신의 의식 수준의 한계를 넘을 수 없다. 책을 읽는 동안에는 질문을 해야만 진정으로 성장할 수 있다. 그렇기 때문에 책을 읽을 때 우리는 질문을 해야 한다. 질문을 하게 되면 자신이 가지고 있는 것보다 더 많은 것을 알게 된다. 지금의 상황, 지식, 의식의 한계를 뚫을 수 있는 상상력과 아이디어의 촉매제가 되기도 한다. 이렇게 질문하는 책 읽기는 나의 한계를 한 단계 업그레이드하는 최고의 방법이다.

그렇다면 왜 질문하면서 책을 읽어야 할까? 질문하면서 책을 읽게 되었을 때 우리에게 유용한 효과는 무엇일까? 질문은 바로 사고의 힘을 길러준다. 질문은 우리의 생각을 자극한다. 생각을 자극한다는 것은 생각의 힘을 키운다는 것이다. 질문은 우리의 뇌를 자극하면서 활발하게 사고가 가능하게 해준다. 그러면서 창의성이 생겨난다. 질문 없는 창의성은 없다.

또 질문을 하면서 책을 읽어야 하는 이유가 있다. 질문을 하면서 읽게 되면 나의 생각이 깊어지면서 정리가 가능해지는 것이다. 책을 읽으면서 질문을 한다는 것은 저자와 끊임없이 대화를 한다는 것이다. 저자와의 끊임없는 대화를 하면서 나의 생각을 정리하고 상대방의 주장도 이해할 수 있게 되는 것이다. 내 생각을 정리하는 데는 질문하는 책 읽기만 한 것이 없다.

책의 유익함과 효과를 제대로 경험하기 위해서는 반드시 질문하면서 책을 읽어야 한다. 그래야만 진정한 책 읽기가 되는 것이다. 질문을 던지면서 책을 읽게 되면 자신만의 답을 찾을 수 있게 된다. 책의 내용을 고민하고 사색하게 되면 자신만의 답을 찾게 된다. 그렇게 된다면 저자의 어깨 위에 올라타서 자신이 가고자 하는 길을 더 빨리 가게 될 것이다.

지금 나는 브랜드 버처드의 『메신저가 되라』를 읽고 있다. 책은 메신저가 되기 위해서는 누구나 어떤 특정한 주제에 대한 메신저가 될 수 있다고 말해주고 있다. 사람들이 나에게 어떻게 하면 당신처럼 될 수 있는지를 물어보는 질문이 나의 메신저가 될 수 있는 자질이라고 말해준다. 그것으로 사람들에게 적절한 조언과 서비스를 제공할 때 바로 그것이 앞으로 내가 나아갈 분야가 되고 그때 나는 메신저가 될 수 있다는 것이다.

'그렇다면 나의 경우에는 어떠할까? 사람들이 나에게 자주 물어보는 것은 무엇일까?'를 곰곰이 생각했다. 내가 그것을 찾았을 때는 '그들이 원하는 조언을 어떻게 해줘야 할까? 나의 경쟁자들은 누구인가? 내가 그 경쟁자들과 차별되는 방법은 무엇일까?' 이런 생각들이 꼬리에 꼬리를 물었다. 이 책은 1인 지식 창업을 준비하는 나에게 꼭 필요한 질문을 하게 한다.

이렇듯 책을 읽게 되면 반드시 질문을 하고 생각, 즉 사색을 해야만 한다. 질문하는 독서만이 나를 진짜로 성장시키고 앞으로 나아가게 한다. 그러므로 질문하고 사색하는 독서로 나를 성장시키자.

소크라테스는 말했다.

"모든 사람의 마음에는 태양이 있는데, 질문을 통해 이 태양을 떠오르게 해야 한다."

08

의식을 높이는 책을 읽자

자존감 낮은 아이

"내가 책을 읽을 때 눈으로만 읽는 것 같지만 가끔씩 나에게 의미가 있는 대목, 어쩌면 한 구절만이라도 우연히 발견하면 책은 나의 일부가 된다." 윌리엄 서메셋 모옴의 말이다.

사람은 바뀌기 어렵다고 생각하는가? 사람은 쉽게 변하는 존재가 아니다. 사람이 바뀐다는 것은 참으로 힘든 일이다. 나는 살아오면서 사람이 쉽게 바뀌지 않는다는 것을 알게 되었다. 자신들이 살아온 환경에 의해 의식 안에 박힌 패배 의식, 타인에게 받은 상처, 피해 망상, 가난한 사고, 두려워하는 마음, 낮은 자존감은 쉽게 바뀌지 않는다. 이런 사고에서 벗어나기란 결코 쉽지 않은 일이다. 어쩌면 모래 속에서 바늘 찾는 격이다.

내가 과장해서 이야기하는 것 같지만 사실이다. 내가 나를 돌아봤을 때도 그랬고, 우리 가족을 생각해도 그렇다. 우리 집이 딱 그랬다. 지금까지 잘 살아보지도 못했고, 사람들에게 치이고 살아서 항상 패배 의식에 찌들어 있었고, 타인으로부터 받은 상처에 몸부림쳤고, 가난해서 사람들에게 무시당하고 동정을 받기도 했다. 지금 가지고 있는 것마저 잃어버릴까 봐 두려움을 항상 가지고 살았다. 그래서 자존감은 당연히 낮을 수밖에 없었다.

나의 내면은 부정적인 사고방식으로 꽉 차 있었다. 부모님의 낮은 자존감과 패배 의식, 부정적인 사고방식이 우리에게도 이어졌다. 어렸을 때는 나만의 거인이 내 안에 있었을 텐데 자라온 환경과 주위에서 주입하는 말들로 인해 나의 의식은 작아지고 깊은 내면으로 숨어 들어갔다. 언제부턴가는 나는 해도 안 되는 사람이었다. 나한테만 불행한 일이 오는 것 같다는 생각을 했다. 나는 발버둥을 쳐도 지금의 상황에서 벗어날 수 없을 것 같다는 생각이 나를 지배하기 시작했다.

그렇다고 내가 항상 부정적으로 생각하고 두려움에 움츠려 있지만은 않았다. 다행히도 나는 긍정적인 성격을 가지고 있었고, 정신력이 강했다. 나의 강한 정신력은 엄마를 닮았다. 엄마는 강한 분이다. 가난한 생활에도 엄마는 쉬지 않고 일하셨고, 일하는 중에도 집안일 또한 소홀히 하지 않으셨다. 일을 다니면 힘들어서 집안일에 소홀할 법도 한데 한 번도 집이 더럽다거나, 우리들 밥이나 도시락을 거르는 법이 없었다. 큰일이 있어도 쉽게 무너지지 않으신다. 힘들다고 투정하거나 지쳐서 울고 있는 모습을 본 적이 없다. 참으로 강한 분이다. 나는 엄마들은 다 그러는 줄 알았다. 그런데 친구들 엄마를 보니 꼭 그렇지만도 않았다. 한 가지를 잘하면 한 가지는 소홀했다. 그걸 보고 나는 엄마가 대단한 분이라고 느꼈다. 누구나 쉽게 가지지 못하는 강한 정신력을 가지고 계신 분이다. 나는 이런 엄마의 강한 정신력을 본받아 강한 의지력을 가지고 있다. 천성적으로 긍정적인 성격이지만 집안의 환경이 가난하다 보니 어쩔 수 없이 형성되는 분위기에 나도 부정적인 사고방식에 물들어갔다.

초등학교 2학년 쯤이었다. 2학기가 시작하면서 반장, 부반장을 다시 뽑게 되었다. 그때는 분단이라는 것이 있어서 각 분단에 분단장, 부분단장이 있었던 시절이다. 학창 시절 물론 다 한 번씩 해보지만 나는 거의 분단과 부분단장을 맡았다. 그때는 학생들이 많은 시절이라 학급 반장과 부반장만으로는 학급을 책임지기가 힘들었다. 그래서 분단장과 부분단장이 반장과 부반장을 뒤에서 도와주는 일을 맡았다.

그런데 2학기가 시작하면서 다시 반장과 부반장을 뽑게 되었을 때 친구들은 나를 반장과 부반장의 후보로 추천했다. 헉! 나는 놀랐고 무서웠다.

뒤에서 드러나지 않게 도와주는 일에는 익숙했지만 앞장서서 나를 드러내면서 책임을 진다는 것이 겁났다. 후보에 당선된 아이들은 후보 연설을 했다. 모두 자신을 뽑아주면 학급을 위해 열심히 일하겠다는 공언을 하고 자신을 알리는 데 최선을 다했다. 그런데 나는 내 차례가 다가오자 가슴이 두근거리면서 심장이 밖으로 튀어나올 것 같았다. 드디어 내 차례가 되었다.

"안녕하세요, 후보 ○○번 최수미입니다. 음… 제가 잘할 수 있을지 모르겠지만 여러분이 알아서 뽑아주세요."

이게 나의 연설이었다. 지금 생각하면 어처구니가 없는 연설이다. 연설을 끝내고 자리로 들어가는 동안 내가 참 한심했다. '여러분 알아서 뽑아주라고? 이게 뭔 말이야.' 키득키득 웃는 아이들도 있었다. 선생님도 이런 연설은 처음이라고 말씀하셨다. 자리로 돌아온 나는 나를 추천해준 친구들에게 미안한 마음이 들었다.

이렇게 나는 낮은 자존감 때문에 나를 드러내는 것을 무서워했고, 나서서 하는 일을 못 했다. 실수나 실패에 대한 두려움이 컸다. 실수를 하면 안 된다는 강박관념이 강하게 자리 잡고 있었다. 부모님은 항상 "잘해라, 밖에 나가서 실수하지 마라, 남한테 욕먹지 말고 다녀라." 하시면서 실수를 하면 화를 내셨다. 그래서 나의 내면에는 항상 실수하면 안 되고, 일도 열심히 해야 하고, 뭐든지 못하면 안 된다는 생각으로 가득 찼던 것 같다. 그래서 실수할 것 같거나 자신이 없으면 아예 나서지 않거나 뒤로 숨어버렸던 것이다. 이렇듯 나는 자존감이 낮은 아이였다.

높아진 의식

사람에게 한 번 형성된 의식은 쉽게 변하지 않는다. 변하기 쉽지 않더라도 방법이 전혀 없는 것은 아니다. 그 방법은 책이다. 책을 통해 변하는 것은 그 어떤 방법을 사용하는 것보다 효율적이고 성공적이다. 나도 책을 읽으면서 쪼그라들었던 나만의 거인이 의식을 서서히 기지개를 펴고 일어날 수 있었다.

책을 읽으면서 의식의 변화가 일어났다. 책을 통해 수많은 사람의 인생이 바뀌는 것을 보면서 나를 대비해봤다. 책 속의 인물들의 수준 높은 의식 세계와 삶에 대한 건강하고 긍정적이고 적극적인 자세는 나를 깨우기에 충분했다. 책을 읽으면서 나를 돌아보고 내가 누구인지 어떤 사람인지 알게 되면서 진짜 변화가 일어나기 시작한 것이다. 사람은 책을 읽은 만큼 달라진다. 내가 경험을 통해 터득한 것이다.

직장에서의 일이다. 경력이 제일 많은 선배가 출산으로 인해 퇴직을 하게 되었다. 직원을 충원해야 했다. 원장님은 고심을 하는 것 같았다. 과연 어떤 사람을 뽑아야 하고 어떻게 해야 할지를 고민했다.

나도 나름대로 고민을 해봤다. 이틀 정도를 고민하고 원장님 방에 들어갔다. 원장님 방에 들어가기 전에 내가 해야 할 말들을 미리 적어 연습했다. 스스로 대본은 써 본 것이다. 나를 원장님에게 어필하는 것이다. 한 번도 해보지 않은 일이라 머릿속이 복잡하고 가슴이 떨렸다.

원장님 방으로 들어갔다. 내가 선배의 자리에 앉겠다고 이야기했다. 그렇게 하는 것이 병원이나 지금까지 왔던 환자들에게도 어색함이 없이 빈자리를 메울 수 있을 것 같다고 말씀드렸다. 원장님은 잠깐 생각을 하더니 "OK!"라고 말했다.

물론, 어떤 사람들은 별것 아니라고 말할 수 있을 것이다. 하지만 자존감이 낮았던 나에게는 엄청난 일이었다. 대단한 용기가 필요한 일이었다. 고민은 이틀만 했다. 고민의 시간이 길어질수록 두려움이 나를 잠식해 용기의 등불이 꺼져버릴 것 같았다.

다행히 나는 선배의 자리에 앉아서 일을 잘 해냈다. 내가 직접 들어가서 선배 자리에 앉겠다고 말했으니 나도 잘하겠다는 결심을 원장님에게 보여준 것이기 때문에 책임감을 가지고 더 열심히 했다.

일을 하면서 알게 되었다. 나도 뭐든지 잘할 수 있는 존재라는 것을. 다만 책임을 지기 싫어서, 실수할까 봐 두려워서, 일을 제대로 하지 못했을 경우 사람들에게 비난을 받을까 두려워 내가 대단한 존재라는 것을 잊고 살아왔던 것이다. 하지만 나도 잘할 수 있는 존재였고, 실수를 해도 실수할 수 있는 존재라고 나를 다독였다. 누구나 완벽한 존재는 없으니 당연히 실수하면서 인생을 배우는 것이라고 스스로 위로해주었다.

예전에는 실수를 하면 스스로 칼로 베듯이 나를 흠집 내면서 '나는 도대체 왜 이럴까? 나는 잘하는 게 하나도 없어. 다른 사람들은 잘만 하는데 나는 도대체 뭘 잘하는 거야? 나는 어쩜 이 모양이야?'라고 나 자신을 자책하고 부정했다. 그러나 책을 읽으면서 나를 사랑하고 있는 그대로 인정할 수 있게 되었다.

책을 읽자. 책을 읽어 나의 의식을 높이자. 무너져 있던 나의 의식을 깨워주는 확실한 방법은 책이다. 책은 가장 확실하면서도 효과적인 방법이다. 물론 사람들을 통해서 바꿀 수도 있지만 책은 내 안의 깊숙한 내면의 의식을 깨워준다. 첨예한 송곳이 잠들어 있던 거대하고 위대한 나의 의식을 깨워준다. 나는 책을 통해 나의 의식을 다시 깨웠고 앞으로 나아가고 있다. 예전에는 의식을 깨우는 책을 굳이 골라서 읽지는 않았다. 그런데 지금은 의식을 깨우는 책들을 골라 읽는다. 의식은 자꾸 흔들어 깨워줘야만 한다. 언제든지 다시 잠들 수 있기 때문이다.

사람은 누구나 두려움을 갖고 있다. 두려움은 처음을 가장 싫어하고 무서워한다. 어떤 시련이 나를 찾아올지는 아무도 모른다. 시련이 닥쳤을 때 무너지지 않고 극복하기 위해서는 나의 의식을 깨우고 크게 확장시키는 것이 중요하다. 의식이 확장되어 있지 않으면 시련에 굴복해 무너지고 말 것이다. 어떤 시련과 어려움이 오더라도 이겨내는 내가 되기 위해서는 의식 확장을 위한 독서가 필수다.

책이 시키는 대로 따라간

성공자들의 이야기 ⑧

피터 린치

월가의 전설적인 펀드 매니저

피터 린치는 22살에 월 스트리트에 들어가서 25살에 애널리스트가 되었고, 33살에 펀드 매니저가 되었다.

그런데 시기를 잘못 만났다. 애널리스트로 활동하던 때는 주가가 대폭락해서 주식시장이 초토화되었고, 펀드 매니저로 첫발을 내디뎠던 때는 시장이 붕괴 직전에 있었다. 후일 그의 상징이 된 '마젤란 펀드'도 파국을 향해 달려가고 있었다. 고객들이 썰물처럼 빠져나가는 통에 한때 2,000만 달러에 달했던 운용자산이 600만 달러 수준으로 감소했고, 고객들의 펀드 계약 해지 요청이 밀물처럼 밀려들었다.

피터 린치는 그런 마젤란 펀드를 맡아서 13년 만에 약 660배로 불렸다.

다른 펀드를 합병해서 2,000만 달러로 시작했던 마젤란 펀드는 13년 만에 약 140억 달러라는 믿기 힘든 규모의 운용자산을 기록했다. 그는 이 기적 같은 업적을 달성하고 바로 월 스트리트를 떠났다. 남은 인생을 소중한 가족과 보내고 싶다는 한마디를 남기고.

– 이지성, 『리딩으로 리드하라』

월 스트리트 역사상 가장 위대한 펀드 매니저라는 칭송을 받는 피터 린치는 대학에서 인문학을 전공했다. 피터 린치는 그의 저서 『전설로 떠나는 월가의 영웅』에서 자신이 월 스트리트에서 성공할 수 있었던 이유는 인문 고전을 통한 독서로 쌓은 사고의 힘 때문이라고 밝혔다.

그는 자신의 주식 투자에 책의 도움이 컸다고 말한다. 월 스트리트의 비논리성을 깨닫게 해주고 자신의 종목 선택에도 도움을 준 것은 오직 책을 읽는 데서 비롯된 것이라 말한다.

그는 경이적인 투자수익을 남기고 1990년 46살의 나이로 월 스트리트를 떠났다. 가족과 함께 시간을 보내고 싶다는 이유 때문이었다. 그는 경제적 자유뿐만 아니라 가족과 소중한 시간을 함께하기 위해 시간적 자유도 누릴 수 있는 진정한 자유인이 된 것이다. 책이 그에게 꿈을 빨리 이룰 수 있는 원동력이 되어준 것이다.

5장

지금 읽는 책이 당신의 미래를 결정한다

01

독서로 생각의 근육을 키워라

우리가 책을 읽는 이유는 무엇이라고 생각하는가? 지식을 얻기 위한 목적도 있을 수 있지만 지식만을 얻기 위해 책을 읽지는 않을 것이다. 물론 책을 읽으면 지식을 얻기도 한다. 하지만 더 크게 얻는 것이 있다. 그것은 바로 '생각하는 힘'이다. 우리가 독서를 하는 목적은 스스로 생각하기 위함이다. 이 말에 동의하기 힘든가? 하지만 책을 읽으면 스스로 생각하는 힘을 기를 수 있는 것은 사실이다.

나는 어렸을 때부터 생각하는 것을 싫어했다. 생각을 한다는 것만으로도 복잡하고 머리가 아팠다. 그래서 학교 공부도 수학을 싫어하고 못했다. 수학 방정식을 풀기 위해 골머리를 앓아야 한다는 것이 더 머리가 아팠다. 그래서 나는 주로 단순히 암기해서 성적이 나오는 암기 과목들을 좋아했다.

직장을 다닐 때 일이다. 직장 상사가 나에게 업무 상황에 대해 질문했다. 나는 아무 생각 없이 대답했다.

"수미 씨, 거래처에서 재료 가지고 몇 시에 온다고 했지?"
"모르겠는데요."

어처구니가 없다는 표정으로 상사는 나에게 말했다.

"수미 씨는 물어보면 맨날 모른다고 하더라."

헉! 했다. 나는 정말이지 아무 생각이 없었던 것이다. 직장에 일을 하러 왔으면 그날의 업무 파악을 해서 일의 진행 상황들을 체크해야 하는데 나는 모른다고만 말하고 있었다. 그런데 그게 한두 번이 아니었던 것이다. 직장 상사의 말대로 '맨날' 모른다고 했던 것이다. 상사는 내가 얼마나 한심했을까. 이 일 후로 나는 다시는 이런 말을 듣지 않으리라 생각했다.

독서는 생각하는 힘을 길러준다. 책을 읽는 것은 저자의 철학과 생각을 내가 읽는 것이다. 저자의 생각을 읽고 내 기준으로 판단해보는 작업인 것이다. 이렇게 저자의 생각과 나의 생각을 서로 충돌시켜보는 것이 생각을 자라게 하는 원동력이 된다. 이런 작업이 바로 생각의 근육을 자라게 하는 것이다.

생각의 근육을 키우는 것은 역시 책만 한 것이 없다. 생각을 한다는 것은 무엇일까? 생각은 상상이다. 상상은 이상이며, 이 이상은 지금의 나의 현실이 되는 것이다. 상상, 즉 생각의 힘은 우리가 살아가는 데 가장 중요한 능력인 것이다.

책 속의 저자와 만나 이야기하다

"생각하는 대로 살지 않으면, 사는 대로 생각하게 된다." 이 말을 잘 생각해보자. 사람은 하루에도 오만가지 생각을 한다고 한다. 그 오만가지 생각은 과연 어떤 생각일까? 대부분이 쓸데없는 생각일 것이다. 내가 주도적으로 하는 생각이 아닐 것이란 말이다. 그저 가만히 멍 때리고 있으면서 무작위로 떠오르는 잡념인 것이다. 그래서 우리가 진정으로 생각하는 삶을 살지 않으면, 그저 무작위로 떠오르는 생각들에 지배되어 피동적으로 살게 되는 것이다.

나도 생각하지 않았다. 사는 대로 생각했기 때문에 상사가 업무에 대해 물어보면 모른다고 말했던 것이다. 지금 생각해보면 정말 창피한 일이다.

독서를 하면서 '생각'이라는 것을 하게 되었다. 물론 책을 처음 읽을 때부터 생각을 한 것은 아니다. '책을 읽게 되면서 차차 저자의 생각과 철학이 담고 있는 것은 무엇일까?'를 생각하게 되었고, '나는 저자의 생각에 동의하는가?'를 생각하게 되었다. 책을 읽고 나면 머릿속에 남는 잔상들이 떠돌아다니면서 나를 자극하고 생각하게 했다. '내가 저자라면? 나한테 저 상황이 오면 나는 어떻게 헤쳐나갈까? 저자가 포기하지 않고 헤쳐 나오게 한 힘의 원동력은 무엇일까? 나도 저자처럼 멋지게 헤쳐 나와 승리의 나팔을 불고 싶다.' 이런 생각들을 하게 되었다.

책을 읽고 생각 근육을 키워야 한다고 해서 복잡하고 어렵게 생각할 필요가 없다. 책을 읽고 저자의 생각과 나의 생각을 서로 대비해보는 것으로 시작하면 된다. 이것이 진정으로 생각하는 책 읽기를 하는 것이다.

"나는 지금까지 생각을 한 번도 제대로 해본 적이 없는데 어떻게 생각을 하나요?"

"나는 책을 읽어도 생각을 안 하게 되던데 어떻게 하죠?"

"꼭 생각이라는 것을 하고 살아야 하는 건가요?"

"머릿속도 복잡한데 또 생각을 하고 살아야 하나요? 생각하는 게 더 힘들어요."

어떤 이들은 이런 질문들을 할 것이다. 그런데 생각하는 삶을 살지 않으면 타인과 세상에 휘둘리게 된다. 나의 가치관이 제대로 정립이 안 되어 있기 때문에 타인이 세상에 하는 말들이 옳고 그른지 판단할 수 있는 분별력이 없다. 그래서 누군가 "이건 이거야." 또는 "저건 저거야."라고 말하면 그게 사실인 줄 안다. 자신이 주체적인 생각을 하지 않기 때문에 타인과 세상이 하는 말과 생각대로 줏대 없는 인생을 살게 된다. 끌려가는 인생을 살게 된다는 말이다. 이것은 스스로 생각하는 힘이 없기 때문이다.

요즘 사람들은 더욱 생각하기 싫어한다. 복잡한 세상에 적응하며 바쁜 하루하루를 살기 때문에 더욱더 생각하기를 포기하고 사는 사람들이 많다.

요즘 세상은 사람들의 이런 니즈를 파악해서 생각하지 말라고 한다. 생각하지 않고 살아도 된다고 한다. 그냥 편하게 살아도 된다고 한다. 생각하지 않고 살아도 세상을 살아갈 수 있다고 말한다. 그래서 스마트폰이 개발됐고 사람들은 스마트폰에 푹 빠져 시간을 빼앗기며 살고 있다. 스마트폰 안에 있는 정보의 호수, 게임의 호수에 빠져 사는 대로 생각하면서 살아가고 있는 것이다. 그러면서 더 힘든 인생을 살아가고 있는 것이다. 지금의 현실에서 벗어나고 싶어 하면서도 유혹을 뿌리치지 못하고 주저앉고 만다.

그런데 아는가? 세상에서 성공하고, 세상을 지배한 사람들이 스마트폰에 빠져 산다는 말을 들어본 적이 있는가? 그들은 조금만 시간이 나도 책을 집어 든다. 생각하는 인생을 살기 위해서다. 그들은 모두 치열하게 독서하고 사색하는 삶을 살아가고 있다. 책을 읽고 사색을 하면 스스로 생각하는 힘을 길러주기 때문이다.

빌 게이츠는 자신의 엄청난 성공을 독서의 힘이라고 말한다.

"자신의 생각을 가능하게 하는 것은 독서이다. 독서는 내 생각의 소스이다."

이처럼 성공한 사람들은 독서를 통해 생각하는 힘을 키우는 것을 중요하게 생각한다. 우리도 알아야 한다. 독서의 중요성을 알아야 하고, 독서를 통해 진정한 생각의 힘을 키울 수 있다는 것을. 독서를 하며 깊은 사색과 성찰의 시간을 가지면서 나를 더욱 성장시킬 수 있다. 독서를 통해 커진 생각의 힘은 더 깊고 넓은 사고의 세계로 나를 인도한다. 그러므로 우리도 치열하게 독서하고 생각의 깊이와 넓이는 넓혀보자.

02

읽는 대로 삶이 이루어진다

말의 중요성

"한 권의 책을 읽음으로써 자신의 삶에서 새 시대를 본 사람이 너무나 많다." 이는 헨리 데이비드 소로의 말이다.

2018년 고이케 히로시 작가의 『2억 빚을 진 내게 우주님이 가르쳐준 운이 풀리는 말버릇』이라는 책을 읽었다. 사업의 실패로 떠안은 2억 원의 빚을 말버릇을 고쳐 나가면서 갚아가는 과정을 담은 책이다.

책에서는 '우주님'이라는 인물을 등장시킨다. '우주님'은 내면의 또 다른 나이다. 우주님은 낙담하고 패배자 의식에 갇혀 있는 히로시에게 우주의 말버릇을 가르쳐주면서 우주에 소원을 주문하는 법을 알려주었다.

"말버릇으로 인생을 바꾼다!"

이 얼마나 획기적이고 충격적인 방법인가! 우리는 흔히 일이 잘 풀리지 않거나, 원하는 대로 일이 되지 않을 때 "에이, 나는 되는 일이 없어, 아 짜증나."라고 말하면서 계속 부정적인 언어들을 생각하고 말하게 된다. 그런데 우주님은 히로시에게 말한다. 하던 일이 잘 풀리지 않을 땐 "그래. 이건 내 소원이 이루어지는 증거야, 이걸로 내 소원이 이루어졌어."라고 말하라고 한다. 심지어는 "감사합니다, 사랑합니다, 축복합니다."를 반복해서 말하라고 한다. 되는 일이 없어도 부정적인 감정과 생각, 말에서 벗어나 긍정적인 방향으로 내 생각과 말을 돌리면서 감정을 정화시키는 것이다.

나는 처음 이 책을 읽고 무작정 따라 해봤다. 어차피 돈이 드는 것도 아니고 밑져봐야 본전이라는 생각에 따라 했다. 계수기를 사서 '감사합니다.'를 5,000번 씩 말하기도 했다. 5,000번 말하는 데는 몇 시간이 걸리지 않았다. 조금 변형을 하여 걸을 때마다 오른발, 왼발에 맞춰서 '감사합니다, 사랑합니다.'를 번갈아 말하기도 했다. 개수를 늘려 50,000개에 도전도 했다.

이런 것을 시도하면서 나의 감정이 긍정적으로 바뀌는 것을 느꼈다. 내 감정이 긍정적으로 바뀌니 길을 걷다가 돈을 그렇게 많이 주울 수가 없었다. 내 생전에 돈을 그렇게 많이 주워 본 적은 처음이다. 나의 사고방식이 바뀌니 세상을 바라보는 눈도 바뀌고 생각도 바뀌었다.

그리고 비슷한 종류의 책들을 더 읽었다. 수평 독서를 하는 것이다. 사토 미쓰로의『하나님과의 수다』, 사이토 히토리의『부자의 운』,『부자의 행동습관』, 이시다 히사쓰구의『3개의 소원 100일의 기적』등의 책을 같이 읽었다. 내 인생이 그동안 잘 풀리지 않았던 이유를 알게 되었다. 나의 말버릇과 감정이 나의 앞을 가로막고 있었다.

물론 예전에도 말의 중요성을 알고 있었기 때문에 감사의 표현을 하거나 말조심을 하긴 했다. 그런데 결정적으로 감정을 통제하지 못하고 있었다. 미묘한 감정의 차이가 인생의 갈림길에서 나를 돌뿌리에 걸려 넘어지게 하고 있었다. 그리고 우주에 소원이 이루어지게 하는 소원을 말하는 법을 몰랐던 것이다.

이 책들을 통해 나의 의식과 말과 감정들은 더 좋아지고 풍요로워졌다. 힘든 일이 있어도 이것은 소원이 이루어지고 있는 증거이고, 분명 더 좋은 것으로 온다는 믿음이 나의 마음에 자리 잡게 되었다.

당신이 지금 읽고 있는 책은?

"인간의 성공은 독서량에 비례한다."라는 말이 있다. 너무나 당연한 말이라고 생각한다. 우리가 좋은 음식들을 먹었을 때 더 건강해질 수 있는 것처럼 독서할 때 어떤 책을 얼마만큼 읽느냐에 따라 나의 생각과 가치관이 형성된다. 나의 생각과 가치관에 따라 인생의 성공이 달라질 수 있다. 성공은 꼭 물질적인 성공만 말하는 것이 아니다. 살면서 부딪치는 문제들을 현명하게 해결할 수 있는 그릇을 만드는 것도 성공의 한 종류이다. 문제점을 부정적으로만 생각하는 것이 아니라 긍정적인 생각으로 전환하는 것도 인생의 성공으로 한 걸음 나아가는 것이다.

좋은 책은 나에게 좋은 영향을 미치게 된다. 좋은 책이란 무엇인가? 나에게 좋은 책의 기준은 개개인마다 모두 다를 것이다. 어떤 사람에게는 경제적 자유를 얻기 위한 책이 될 수도 있고, 어떤 사람에게는 정신적 안정을 얻게 되는 책이 될 수도 있다. 또 어떤 사람에게는 사업을 할 수 있게 도와주는 책이 될 수도 있다. 아니면 삶을 포기하는 순간에 희망을 잡게 해주는 책이 될 수도 있는 것이다. 이렇게 각자 자신에게 맞는 책이 좋은 책이다. 내가 이 책을 읽었더니 너무 좋아 다른 이에게 추천해줬지만 추천받은 이는 감동이 작을 수 있다. 각자가 당면한 문제들이 다르기 때문이다. 자신의 고민과 문제를 곰곰이 생각해보고 자신이 읽어야 하는 책이 무엇인지 살펴보며 읽는 것이 좋은 독서법이다.

오프라 윈프리는 세상에 영향을 주는 인물 중 한 명이다. 사람들은 궁금해했다. 그래서 무엇이 그녀의 인생을 바꿨는지 물었다.

"독서가 내 인생을 바꿨다. 당신이 내일 아침에 오늘보다 더 나은 사람으로 깨어나고 싶다면 잠들기 전에 책을 펴고 단 3장이라도 읽어라. 책을 통해 세상에 나처럼 사는 사람이 또 있다는 것과 누구에게나 인생의 가능성이 있다는 것을 깨달았다."

독서는 그녀에게 희망과 기회를 잡을 수 있게 해주는 동아줄이었던 것이다. 그녀는 모든 사람들이 책을 읽어야 한다고 강하게 말하고 있다.

세상에는 참으로 많은 책이 있다. 그 많은 책들 중 내가 읽은 책은 얼마나 될까? 어마어마하게 존재하는 책의 양에 비해 너무나 약소할 것이다. 읽은 책 중에는 희망적인 메시지로 나를 행동하게 하는 책, 나를 돌아보게 하는 책들이 있었다. 또 많은 생각과 행동의 변화를 불러일으키는 책도 있었다.

내 인생을 바꾸는 책들을 만나면 내 생각과 관점이 달라졌다. 그럴 때마다 내 생각이 바뀌면서 행동으로 이어졌고, 나에게 새로운 습관이 자리 잡게 되었다. 책을 읽을수록 내 삶이 성공적으로 바뀌었다. 그리고 책은 내 인생을 다른 방향으로 나아가게 해주었다.

분명 책을 읽는 대로 인생이 만들어진다. 사람은 읽는 책만큼 생각이 넓어지고 세상을 보는 눈이 달라지는 법이다. 사람은 읽는 만큼 달라진다. 그리고 읽는 대로 내 인생은 만들어진다. 더 크게 성공하고 행복한 삶을 살고자 한다면 책을 읽어야 한다.

마지막으로 독일의 철학자 쇼펜하우어가 한 말을 소개하겠다.

“오늘날 우리의 모습은 우리가 읽은 것의 결과다. 우리가 읽은 그 모든 책은 우리의 기억 속에 스며들어 우리가 세상을 보는 법, 느끼는 법, 생각하는 법에 영향을 미친다.”

03

지금 읽는 책이 앞으로의 당신이다

우리 인생 이대로 괜찮은가?

매튜 아놀드가 말했다. "한 사람의 충실성과 가치는 독서를 하느냐 안 하느냐에 달려 있다. 또 그 이상으로 무엇을 읽는가가 중요하다."

청년 실업이 해마다 하늘 높은 줄 모르고 치솟고 있다. 물가 상승도 엄청난 속도로 올라가고 있는 실정이다. 힘들게 대학에 들어가고 졸업을 해도 취업의 길은 막혀 있다. 대학의 등록금을 해결하기 위해 받은 대출금은 빚이 되어 실업 청년들을 더 힘들게 하고 있다. 취업이 되어도 각박한 사회 속에서 살아남기란 여간 힘든 일이 아니다. 회사에서는 엄청난 업무량에 직장 상사에게 또는 쫓아오는 후배들에게 깨지고 쫓기는 삶을 살아가고 있다.

왜? 무엇을 위해 우리는 그동안 이렇게 열심히 살아가고 있는 것일까? 고등학교 3년, 아니 초등학교에 들어가기 전부터 우리는 좋은 대학에 들어가기 위해 가족들과의 추억, 자신의 개인적인 자유와 권리를 포기해가며 앞만 보고 달려왔다. 그런데 대학을 가고, 졸업을 해보고, 어렵게 직장에 취업을 하더라도 남는 것은 허무함과 미래에 대한 막막함과 불안함이다.

사람들은 누구나 자신이 원하는 인생을 살고 싶어 한다. 하지만 현실은 내가 원하는 대로만 살 수 없다. 내 앞에 발생한 문제들을 해결하기 급급하다. 사회가 원하는 인생을 살아가게 된다. 언제부터는 이런 인생이 답답하게만 느껴지면서 인생을 돌아본다. 이 답답하고 불안함을 뚫을 유일한 방법이 있다. 바로 '독서'다.

인생을 가장 빠르고 획기적으로 바꾸는 방법은 단연 '독서'가 최고다. 나도 책을 읽으면서 인생을 바꿔왔고, 지금도 인생을 바꾸고 있는 과정에 있다. 책을 읽게 되면 많은 지식과 지혜들이 쌓이게 된다. 쌓이는 지식과 지혜는 올바른 판단력을 가질 수 있게 해준다. 그리고 세상을 바르게 볼 수 있게 해주고 통찰력을 갖게 해준다.

흔들리는 세상에서 나만의 확고한 생각과 가치관을 갖게 해준다. 나만의 확고한 생각과 가치관은 나의 신념이 되고, 인생의 행복과 삶의 의미를 찾게 해준다. 그것은 어느 때보다 즐겁고 행복한 인생을 살아가게 하는 원동력이 될 수 있다. 책은 삶을 풍요롭게 해주는 강력한 수단이고 도구이다.

읽고 행동하면 내 미래가 바뀐다

2009년 나는 경매 책을 읽었다. 그때는 닥치는 대로 책을 읽었다. 장르 구분하지 않고 손에 잡히는 대로, 인터넷 교보문고에서 제목들을 보고 목차를 보고 서평 등을 보고 마음이 가는 책들을 읽었다. 우연히 발견한 경매 책은 내 인생을 뒤흔들어놓았다.

나는 항상 직장인이 아닌 나의 일을 자유롭게 하면서 경제적 자유를 누리고 싶었다. 항상 바라면서도 방법을 알지 못해 고민만 하고 있던 때 우연히 읽게 된 박수진 저자의 『나는 쇼핑보다 경매투자가 좋다』는 내가 그동안 고민해왔던 문제를 해결해주는 책이었다.

책을 단숨에 읽어버렸다. 경매 특강을 가고 강의도 수강해서 듣게 되었다. 경매를 공부하게 되면 꼭 부동산만 공부해야 하는 것이 아니었다. 경제에 대해서도 공부를 해야 했다. 경제 공부를 하다 보니 주식에 대해서도 관심을 가지게 되었다.

또 그때 읽어야 했던 책 중에 로버트 기요사키의 『부자 아빠, 가난한 아빠』를 읽게 되었고 내가 일하지 않아도 파이프라인을 만들어 나에게 돈이 들어오는 시스템에 대해 알게 되었다. '내가 일하지 않아도 돈이 들어오는 시스템'이 얼마나 멋진 말인가? 내가 그동안 찾던 방법이다. 나는 쾌재를 불렀다.

원하지 않는 일을 하면서, 원하지 않는 시간에 출퇴근을 해야 하고, 원하지 않는 사람들과 하루 8~10시간을 함께 지내야 하는 것은 고역이다. 나의 자유를 저당 잡혀 쥐꼬리만 한 월급을 받으면서 나를 혹사하는 삶을 살아가고 있는 나에게 한 줄기 빛 같은 책이었다.

나는 읽고 바로 행동했다. 열심히 했다. 그 결과 낙찰도 받았고 수익도 냈다. 경매를 공부한 덕분에 부동산의 '부' 자도 모르던 내가 부동산 등기부 등본 보는 법도 알게 되었고, 매매계약서도 써보고, 임대인의 위치에도 가보게 되었다.

경매 공부를 하게 되면 금리나 경제 동향들도 공부를 해야 했다. 경제 신문을 읽는 것은 필수였다. 처음에는 경제 용어들이 외계어처럼 낯설게만 느껴졌다. 그동안 경제에 관심이 없었기 때문에 익숙하지 않은 용어들을 읽을 때마다 이해할 수 없었다. 신문을 읽는 동안 세세히 알 수는 없었지만 대략 경제나 금리의 흐름은 파악하게 되었다. 그리고 신문에서 우연히 주식 투자에 대한 기사가 떴다. 그 기사가 내 눈에 띄면서 나는 여러 주식 카페들을 알아보고 믿음이 가는 카페에 가입하고 무료 방송도 들었다. 처음 내가 주식에 입문하게 된 것이다.

주식을 공부하면서 우리나라뿐만 아니라 세계의 경제와 상황들의 흐름을 알게 되었고, 어떻게 세상이 흘러가는지도 알게 되었다. 이렇듯 치열하게 고민하고 닥치는 대로 책을 읽었고 책은 내가 나아갈 길을 알려주었다.

부모님이 항상 하지 말라는 것 3가지가 있다. '주식, 남 보증 서주는 것, 빚지는 것.' 그런데 나는 경매를 하면서 대출을 받아야만 했다.

물론 경매에서 대출은 '레버리지'다. 대출을 받지 않고 부동산을 살 수 없기 때문에 은행에서 대출을 받는 것이다. 돈이 많아도 경매 1채를 낙찰받고 잔금을 내 돈으로 다 내버리면 다음 경매에 입찰을 할 수 없기 때문에 경매에서 대출은 '똑똑한 빚'인 것이다. 그동안 빚은 나쁜 것, 있으면 안 되는 것으로 '빚'이라는 단어만으로도 두려워했는데, 경매 공부를 하면서 똑똑한 빚도 있다는 것을 알게 되었다.

세상은 내가 모르는 것 천지였지만, 책은 나에게 세상의 지식과 지혜를 알려주었다. 이렇게 나는 책을 읽으면서 나의 길을 찾아가고 있다. 책 속에는 답이 있다. 책은 나에게 앞으로 나아가라고 말해주고 있다.

지금은 어떨까? 내가 얼마 전에 읽은 이지성 작가의 『에이트』는 그동안 내가 잊고 살았던 꿈을 다시 살아나게 해주는 초석이 된 책이다. 작년에 이지성 작가의 신작이 출간되었다는 소식에 바로 주문을 해서 읽었다. 인공지능이 인간을 대체하는 미래에 당신이 인공지능에 대체되지 않는 인간이 되기 위한 고민과 방법을 알려주고 있었다.

나도 그 책을 읽고 내 미래에 대해 고민했다. 실상 항상 고민해왔다. '인생을 주도적으로 산다는 것은 무엇인가? 내가 인공지능에 대체되지 않는 창의적인 인생을 사는 방법은 무엇일까?'

나의 이런 고민에 대한 해답을 해주는 책을 만났다. 바로 저자 김태광(일명 김도사)의 책들이다. 그는 24년간 책을 써왔고, 책 쓰기 코칭을 하면서 수많은 저자를 배출한 인물이었다. 4차 산업에 대비해 이제는 독자가 아닌 저자의 삶을 살라고 그는 주장한다. 나는 지금 그에게 책 쓰기를 배우고 있다. 책만 열심히 읽던 독자가 아닌 저자가 되는 것이다.

20대 때 책을 읽으면서 스치듯 지나가는 생각이 있었다. 세상을 살아가는 방법을 몰라 힘들게 한 걸음씩 나아가는 나에게 세상 살아가는 방법을 알려주고 나를 위로해주면서 따뜻하게 안아주는 책을 만나면서 나도 사람들에게 희망을 안겨주는 책을 쓰고 희망을 말하는 사람이 되고 싶다는 생각을 했다. 그리고 잊어버리고 살았다. 그런데 김도사님을 만나면서 저

멀리 있던 나의 꿈이 생각났고 그 꿈을 실현하는 단계에 있다. 책은 항상 나에게 답을 주고 있다.

지금 내가 읽고 있는 책이 나의 미래를 결정한다. 나는 인생에 대해 고민할 때마다 책을 읽으면서 해결할 수 있었다. 책은 나의 미래를 밝혀주었다. 지금과는 다른 인생을 살고 싶다면 지금 당장 책을 읽으라고 말해주고 싶다. 당신의 고민에 대해 해결법을 알려줄 것이다. 책을 읽게 되면 지금까지와는 전혀 다른 인생을 살 것이라 분명하게 말해줄 수 있다. 과거의 내가 그랬고, 현재의 내가 다른 인생을 살기 위해 나아가고 있기 때문이다. 지금 당장 책부터 읽자.

04

나는 책을 읽으면서 단단해졌다

문제에 집중하는 삶

"뭐가 문제죠(Why not)?"

오프라 윈프리는 1950년대 미국 남부에서 흑인에 사생아로 태어났다. 사촌오빠에게 성폭행을 당했다. 14살에 출산을 하였고, 2주 후 아이는 사망했다. 그녀는 비만이라고 놀림도 받았다. 너무 힘든 삶이라서 마약을 하고 자살을 생각했다.

그러나 지금은 미국의 최고 갑부에 속하며, 2018년 타임지가 선정한 가장 영향력 있는 100인에 당당히 선정되었다. 현대를 살아가면서 그녀의 이름을 한 번쯤 들어봤을 것이다. 그녀는 자신이 처했던 어려움에 대해 대체 무엇이 문제냐고 반문했다. 그녀는 이렇게 말한다.

"세상 모든 일은 여러분이 무엇을 생각하느냐에 따라 일어납니다."

오프라 윈프리는 당당했다. 그녀의 당당함은 자신에게 당당하고 자신이 나아갈 길에 대해 당당했던 것이다. 그녀는 분명 어려운 상황에 처해 있었는데도 그것을 문제라고 생각하지 않았다.

어렸을 때 나는 내 문제가 굉장히 커 보였다. 나만 문제를 안고 사는 사람 같았다. 친구들과 비교해가며 스스로를 학대하고 있었다. 친구들과 비교해봐도 우리 집만, 나한테만 불행한 일이 자꾸 일어나는 것만 같았다. 선천적으로 밝고 긍정적인 편이었지만, 살아온 상황이 만만치 않다 보니 짜증과 예민함이 불쑥불쑥 튀어나왔고, 점차 부정적인 면이 나를 더 감싸게 되었다.

아무리 발버둥을 쳐도 주어진 환경에서 벗어날 수 없을 것 같다는 생각에 하루하루가 괴롭고 힘들었다. 평생을 내가 원하지도 않는 인생을 살아야 한다는 생각을 하면 아무런 의욕이 생기지 않았다. 그 당시에 내가 할 수 있는 일은 아무것도 없었다. 나는 세상에서 내 문제를 확대 해석하면서 더 크게 보고 있었던 것이다.

사람이 살아가면서 생각의 전환은 중요하다. 사람은 생각에 좌우되는 동물이다. 자신이 어떤 생각을 하느냐에 따라 그 사람은 앞으로 전진할 수도, 현재에 머무를 수도, 뒤로 후퇴할 수도 있다. 행동은 내 생각을 외부로 표현하는 방법이다.

오프라 윈프리의 성공은 운이 좋게 여러 가지 행운이 맞아 떨어졌을 수도 있다. 그러나 그녀의 긍정적인 생각, 자신의 인생을 바꾸겠다는 굳은 의지가 없었다면 불가능했을 것이다.

Why not?

자신의 문제라고 생각하는 관념을 바꾸는 것을 결코 쉬운 일이 아니다. 살아오면서 만들어진, 당연하다고 생각하는 것을 부수는 것은 정말 대단한 일이다. 우리는 우리의 습관조차 바꾸기가 어렵다. 오프라 윈프리는 '유인력의 법칙'을 이용해 자신의 인생을 바꿨다고 이야기한다. 그녀가 말하는 유인력의 법칙이란 무엇일까?

그녀는 어려움이 있을 때마다 항상 이야기한다. "뭐가 문제죠(Why not)?" 뭐가 문제냐고? 아니, 어떻게 문제를 문제로 보지 않는다는 거지? 나를 포함해 사람들은 문제를 문제로 인식하고 산다. 문제를 너무 인식하다 보니 그 문제에 집중해서 벗어나지 못하고 있다. 문제에 집중한다는 것은 긍정적인 생각보다는 부정적인 생각에 집중한다는 말과 일맥상통한다.

그런데 오프라 윈프리는 부정적인 생각에 집중하는 것을 원천 차단한 것이다. 그리고 자신이 원하는 것에만 집중했다. 그녀는 성공을 원했고, 성공을 원하는 자신에게만 집중한 것이다. 그리고 그녀는 성공했다.

오프라 윈프리는 자신이 원하는 성공을 위해 성공과 관련된 책을 읽었다. 사람의 의식은 끊임없이 변한다. 그리고 상황에 맞게 변한다. 내 상황이 어렵고 힘들면 내 의식 또한 부정적인 방향으로 흐르고, 그 반대로 기쁨과 행복으로 가득한 충만한 삶을 살게 되면 상황이 긍정적인 방향으로 흘러간다.

의식이란 그런 것이다. 끊임없이 변화무쌍한 의식을 긍정적인 방향으로 집중하기 위해서는 자신이 원하는 성공에 관한 책이나 의식에 관한 책을 집중적으로 끊임없이 읽어야 한다. 살면서 느끼겠지만 긍적적인 에너지보다 부정적인 에너지는 더 빠르게 흡수되고 번진다. 부정적인 에너지는 강한 힘을 가지고 있다. 조금만 방심해도 그동안 공든 탑이 무너질 수도 있다.

대학을 다니고 사회생활을 하면서 힘든 일이 있거나 일이 잘 풀리지 않을 땐 자꾸만 내 현실이 좋지 않기 때문에 나만 피해를 보고 좋은 일은 하나도 일어나지 않는다고 생각했다. 피해의식으로 가득했다. 그리고 시간이 흐르면서 나와 주변 친구들의 상황이 많이 다르다는 것을 알게 되면서 나는 더 작아지고 현실을 버티기 힘들어했다. 어떨 때는 걷다가 헤어 나올 수 없는 현실을 생각하면 눈물이 나기도 했다. 상황도 상황이었지만 나 스스로 유리천장에 나를 가두고 억압하고 현실에 수긍하게 만들고 있었던 것이다.

이런 나도 의식 책들을 읽으면서 차츰 달라졌고, 지금도 달라지고 있다. 김상운 작가의 『왓칭』, 에밀쿠에의 『자기암시』, 조 비테일, 이하레아카라 휴 렌의 『호오포노포노의 비밀』, 루이스 헤이의 『나를 치유하는 생각』, 『나는 할 수 있어』, 소피 작가의 『끌려갈 것인가, 끌어당길 것인가』, 오그 만디노의 『아카바의 선물』 등을 읽으면서 나의 내면을 단단히 다져가게 되었다.

내가 지금 태어난 것은 지구에서 많은 경험을 하다가 다시 천국으로 가기 위해서라고 한다. 그렇다면 나는 지구에 살면서 어떤 경험을 하는 것이 좋을까? 힘들고 어려운 경험이 아니라 행복하고 축복된 인생을 살다가 가는 것이 더 좋지 않을까?

다양한 종류의 책을 많이 읽기는 했다. 하지만 마음 한구석에 채워지지 않는 뭔가가 있었고, 그 뭔가는 나에게 힘든 일이 닥칠 때마다 '거봐, 어차피 안 되잖아!' 하고 나를 무너지게 했다.

그런데 의식에 관한 책을 읽으면서 알게 되었다. 그동안 나에게 일어난 일들은 결국 내가 선택했기 때문에 현실에 나타난 것이었다. 나의 생각, 즉 의식이 내 삶을 결정한다는 것을 알게 되었다.

생각은 무형으로 눈에 보이지 않는다. 파장이다. 내가 어떤 생각을 하고 사느냐에 따라 좋은 일이 올 수도 있고, 나쁜 일이 올 수도 있는 것이다.

나는 의식에 대한 책들을 읽으면서 나를 한 단계 더 업그레이드하고 있는 중이다. 만약 내가 책 읽는 습관이 없었다면 나는 부정적인 생각에 잠식되어 헤어 나올 수 없었을 것이다. 생각만 해도 끔찍하다. 그리고 지금의 상황들이 결국 축복의 길로 가는 통로임을 알게 되면서 지금 힘들더라도 오히려 행복하고 나의 미래가 기대된다.

'도대체 얼마나 좋은 일이 있으려고 이런 일이 일어난 거야?'

나는 책을 읽으면서 스스로를 단단하게 만들고 있다.

책이 시키는 대로 따라간

성공자들의 이야기 ⑨

토마스 에디슨

위대한 발명가

"토마스 에디슨은 초등학교에 입학한 지 3개월 만에 퇴학을 당한 전력이 있다. 학교 수업을 따라갈 만한 지적 능력이 없다는 이유 때문이었다. 아버지는 본래 머리가 나쁜 아이이기 때문에 어쩔 수 없다면서 포기했지만 교사 출신 어머니는 희망을 품고 특별한 교육 과정을 만들어서 에디슨을 직접 가르쳤다.

에디슨은 어머니의 지도로 9살에 리처드 그린 파커의 『자연과 실험의 철학』을 독파했다. 시어스의 『세계사』, 에드워드 기번의 『로마제국 쇠망사』, 흄의 『영국사』 같은 역사 고전과 셰익스피어, 찰스 디킨스의 소설 같은 문학 고전 등이 그 뒤를 이었다. 20대에는 도서관을 통째로 읽어버리겠다며 도서관에서 살다시피 했다. 그는 세계 최고 기록인 1,093개의 특허를 따내면서 발명왕이 되었고, 지금까지도 세계 최고의 기업으로 인정받고 있는 제너럴 일렉트릭(GE)을 창업했다."

– 이지성, 『리딩으로 리드하라』

세계 최초로 공업용 실험실을 설립하고 1,093개의 특허를 따내며 발명왕이 되고 지금까지 세계적인 기업으로 성장하고 있는 제너럴 일렉트릭을 창업한 에디슨의 저력은 도대체 어디서 나온 것일까? 그것은 바로 독서다.

그는 한 분야에 국한되지 않고 여러 분야의 책을 독파했다. 역사, 과학, 인문 고전 등에 많은 관심을 보였고, 그 관심이 발명왕 에디슨을 탄생시킨 것이다. 에디슨의 말처럼 정말로 도서관을 통째로 읽었기에 가능한 일이었다.

그는 집중적인 독서로 엄청난 양의 책을 읽었고, 그러면서 그의 의식과 사고는 누구도 따라갈 수 없는 만큼 커지게 되었다. 결국 그는 어느 누구와도 비교할 수 없을 만큼 엄청난 업적을 달성하게 된 것이다. 이것이 바로 진정한 독서의 힘이다.

05

나는 이제 행복하기로 선택했다

지금 행복한가?

여러분은 자신에 대해 진지하게 생각해본 적이 있는가? 그때가 언제인가? 책을 읽은 적은 언제이고, 내가 진정으로 원하는 삶은 어떤 것인지 명확하게 말할 수 있는가? 바로 말할 수 없다면 아직 삶에 명확한 목표를 발견하지 못한 것이다. 나도 그랬고, 아직도 대부분의 사람이 그렇다. 우리 대부분은 자신의 삶을 주도적으로 살지 못하고 있다.

우리는 누군가가 주도적으로 살아가는 인생에 올라타서 내 시간과 자유를 저당 잡혀 돈을 벌고 살아가고 있다. 나의 시간과 자유를 저당 잡힌 인생이 행복한가? 대부분의 사람은 행복하지 않다고 말할 것이다. 지치고 힘든 삶에서 벗어나 당당히 주도하면서 행복한 삶을 살고 싶을 것이다. 하지만 방법도 모르겠고 어떻게 해결해나갈지 방황하고 있을 것이다. 하지만 걱정할 필요가 없다. 나는 책을 통해 나의 문제점을 알아차렸고, 책을 통해 해결 방법을 찾아가고 있다. 책을 통해 나를 변화시키고 있는 것이다.

나는 무언가를 새로 시작할 때는 책을 먼저 구입한다. 예전에는 무작정 몸으로 부딪치며 배워갔지만, 지금은 책을 읽어보고 나와 맞을 것인지 파악하고 느낌이 오면 바로 행동한다. 그러면 실수를 줄이기도 한다. 유시민 작가가 어느 토크 쇼에서 했던 말이다.

"우리 같은 먹물들은 포커를 배울 때도 일단 서점에 가서 포커 책을 읽고 규칙을 배운다. 제일 잘하는 것이 책 읽는 것이기 때문에 이런 방식이 너무나도 자연스럽다."

그의 말이 이해가 된다. 나도 책에 노출된 시간이 많다 보니 이제는 뭔가를 찾거나 시도를 할 때 책을 먼저 찾게 된다. 책에서 만난 성공한 사람들은 모두 자신의 성공 비결을 책이라고 말한다. 책을 많이 읽은 사람이 모두 성공하는 것은 아니지만, 성공한 사람들 대부분이 책을 많이 읽은 건 사실이다. 그렇다면 독서는 성공의 열쇠 중 하나임은 틀림없는 사실인 것이다.

자신을 사랑하는 것이 성공의 길로 가는 첫 번째 관문이다

책을 읽으면서 얻는 것은 무수히 많다. 나의 경우에는 그렇다. 나는 책을 통해 편안한 관계를 맺는 법을 배웠다. 또한 부동산을 알지 못했던 내가 경매에 입문하면서 부동산에 대해 알게 되었고 주식에 대해 전혀 몰랐던 내가 주식에 대해 조금 알게 되었다. 또한 사람이 살아가는 데 정말 중요한, 나 자신을 사랑하는 법도 알게 되었다.

나는 자존감이 낮았다. 주위에서는 눈치채지 못했을지도 모른다. 자존감은 낮았지만, 자존심은 높았다. 하지만 낮은 자존감에 결정적인 문제가 생기면 무너지고 뒤로 숨었다. 자신을 사랑하지 않았기 때문이다. 그런데 나는 나를 사랑하는 것이 도대체 무엇인지 알지 못했다.

강의를 들으러 가면 강사는 말한다.

"자신을 사랑하세요."

"나는 소중한 존재이니 내가 나를 먼저 사랑해줘야 해요."

"그동안 나를 학대하고 힘들게만 했던 미운 감정을 버리고 나를 사랑해주는 게 첫 번째예요."

'나를 사랑한다?'

'도대체 어떻게 사랑하는 것이 나를 사랑하는 거지?'

'내가 나를 사랑한다는 의미는 무엇일까?'

가만히 생각해보았다. 나는 지금까지 나를 사랑하는 방법을 모르고 있었다. 아니, 알지 못했다. 어느 누구도 나를 사랑해야 한다고 말해주는 사람이 한 명도 없었다. 그렇다면 내가 나를 사랑하는 것은 어떻게 찾아야 할까?

우리가 처음 이 세상에 왔을 때를 생각해보자. 물론 갓난아기일 때는 생각나지 않겠지만, 우리가 이 세상에 처음 왔을 때는 사랑으로 충만한 존재였다. 어른들은 갓 태어난 아이들을 보며 즐거워하고 행복해한다. 태어난 자체가 축복이고 사랑 가득한 존재인 것이다.

어린 아이들은 거울에 비친 자신의 모습을 보며 행복해하고 즐거워한다. 본인의 모습에 흠뻑 빠져 웃으면서 뽀뽀를 해주기도 한다. 그 모습이 자신을 사랑하는 것이다. 본인이 예쁘고 예쁘지 않고는 관여하지 않는다.

지금 거울에 비친 자신의 모습 그 자체를 사랑하는 것이다. 말 그대로 있는 그대로의 나를 인정하고 사랑하는 것이다.

이러하듯 우리는 태어날 때 이미 사랑이 충만하고 세상에서 그 누구보다 자신을 사랑할 줄 아는 존재로 태어난 것이다. 그런데 살아가면서 우리 스스로가 사랑받아 마땅한 존재라는 것을 잊어버리고 살게 된다. 타인의 시선에 신경을 쓰고, 타인에게 맞춰주는 삶을 살아가다 보니 진정한 자신은 사라지고 있다. 나도 내가 사랑받아 마땅한 존재라는 것을 잊고 살았던 것이다.

나는 알아야 했다. 도대체가 내가 나를 사랑하는 것이 무엇인지 알기 위해 나는 책을 보기 시작했다. 루이스 헤이의 『치유』, 『나는 할 수 있어』, 『나를 치유하는 생각』, 아니타 무르자니의 『나로 살아가는 기쁨』 등을 읽었다. 책은 이렇게 말해주었다.

"있는 그대로 나를 사랑하세요."

"타인의 시선은 신경 쓰지 마세요."

"타인에게 주는 사랑은 바라지 말고 온전히 주세요."

"누구나 실수할 수 있어요. 자책하지 말아요."

"다른 사람의 기준에 자신을 맞추려 하지 말고, 자신만의 기준으로 세상을 바라보고 느끼세요."

"인생을 심각하고 무겁게 생각하지 말고, 무게감을 덜어내고 가볍고 즐겁게 즐기세요."

나는 책을 읽으면서 알게 되었다. 내가 그동안 알고 있던 사실들은 나를 작아지게 만들고, 가치가 없는 존재로 만들고 있다는 것을. 타인의 기준에 맞춰 성적을 올려야 했고, 일을 실수 없이 잘 해내야 했고, 남들이 가는 여행을 다녔으면 좋겠고, 다른 이에게 인정받으려고만 노력했다. 남들이 하는 것을 나도 해야 나를 사랑하는 것이고 잘 사는 인생이라 생각했으니 그동안의 삶이 힘들었던 것이다.

온전히 나를 사랑하는 것은 있는 그대로 나를 인정하는 것부터 시작된다는 것을 알게 되었다. 사회나 타인이 세운 기준에 나를 맞추다 보면 항상 자격 미달인 내가 있을 뿐이었다. 자격지심과 나에 대한 부정적인 감정들로 나를 인정하는 것은 나를 향한 사랑을 방해할 뿐이다.

지금 돈이 없어도 괜찮다. 지금 살이 쪘어도 괜찮다. 지금 당장 직장이 없어도 괜찮다. 지금 여행을 가지 못해도 괜찮다. 지금 혼자 있어도 괜찮다. 얼굴이 예쁘지 않아도 괜찮다. 공부를 못해도 괜찮다. 스펙이 뛰어나지 않아도 괜찮다. 그리고 재미없으면 하지 마라. 내가 행복하고 기뻐할 일만 해도 괜찮다. 그러면 행복과 성공은 자연스럽게 따라온다. 다 괜찮다. 내가 하고 싶은 대로 하고 나를 인정하면서 살아가자.

잭 캔필드는『시크릿』에서 이런 말을 했다.

"가장 중요한 목표가 기쁨을 느끼고 경험하는 것이라는 점을 이해하고 나서, 나는 오직 내게 기쁨을 주는 일만 하기 시작했다. 내 좌우명은 이것이다. 재미가 없으면 하지 마라!"

한 번뿐인 내 인생, 잭 캔필드의 말처럼 오직 나에게 기쁨을 주는 일만 하고 살자. 지금 나에게 필요한 것은 있는 그대로의 나를 사랑하는 것뿐이다. 자, 이제부터 나를 사랑하자!

06

독서로 미래를 준비하자

독서의 힘

"상상력이 지식보다 중요하다. 지식은 한계가 있지만, 상상력은 세상을 품고도 남는다." 이는 아인슈타인의 말이다. 상상력은 세상을 품고도 남는다? 과연 상상력이 어떻게 세상을 품는단 말인가? 상상력은 나의 생각, 즉 이상이다. 이상은 나의 꿈이다. 내가 꿈꾸는 세상을 현실로 나타나게 해주는 것이 상상력이다.

지금 우리가 살아가는 세상은 누군가의 상상에 의해 만들어진 것으로 가득하다. 컴퓨터가 그랬고, 스마트폰, 세탁기, 빨래 건조기, 무선 청소기, 노트북, 아이팟 등 이 세상에 존재하는 모든 것이 누군가가 상상하고 고민하는 가운데 현실에서 창조한 것이다.

세상에 존재하는 모든 것을 만든 이들은 모두 치열하게 독서를 했다는 공통점이 있다.

개그맨 고명환은 사업가이면서 작가로 변신했다. 한때 그는 잘나가는 개그맨이었다. 그러던 그는 사업을 시작하면서 숱한 고난을 겪어야 했다. 하는 사업마다 망해서 마이너스 손으로 불릴 정도였다.

그랬던 그가 책을 치열하게 읽기 시작했고, 책에서 알려주는 방법들로 사업을 하면서 지금은 성공한 사업가가 되었다. 그리고 그는 자신처럼 사업을 시작하는 사람들에게 도움을 주기 위해 책도 출간했다. 『책 읽고 매출의 신이 되다』에서 그는 말한다.

"책 속에 길이 있고 책 속에 답이 있다. 메모해가면서 정독을 하고 책 내용을 내 삶에 적용해보고 책에서 아이디어를 찾고 그 아이디어를 실행했다. 말 그대로 책이 시키는 대로 해봤다. 놀라운 일이 벌어졌다. 한마디로 내 삶의 주인이 되었다. 남이 하고 싶은 것을 하면 노예, 내가 하고 싶은 일을 하면 주인, 나는 지금 내가 하고 싶은 일만 하면서 주인으로 살고 있다. 뮤지컬을 만들고, 공연을 기획하고, 식당을 운영하고, 프랜차이즈 사업을 하고 강의를 하고 책을 쓴다. 어느 것 하나 누가 시킨 것이 아니다. 내 열정이 이끌었다."

그는 책에서 아이디어와 방법을 얻어 자신의 사업에 적용하면서 메밀국수 가게를 열게 되었다고 한다. 그리고 매출 10억 원을 훨씬 넘는 성공한 사업가가 되었다. 이 모든 것은 책을 읽었기에 가능했다고 그는 말한다. 그는 지금도 책을 치열하게 읽는다고 한다.

멋지지 않은가? 책을 치열하게 읽으면서 책에서 시키는 것들을 모두 해 보고 책 속에서 제공해주는 아이디어를 찾아 행동으로 옮기고 노예의 삶이 아닌 내 삶의 진정한 주인이 된 것이다. 누구나 꿈꾸는 인생이다. 꿈꾸는 인생을 살면 열정이 식지 않는다. 없던 열정까지 솟아난다.

불안한 미래, 독서가 답이다

대부분의 사람들은 미래를 두려워한다. 왜 그럴까? 지금은 경제의 활황기가 아니다. 활황기의 점을 찍고 서서히 내려가는 침체기에 접어들고 있다. 대중매체에서는 경기가 불황이라고 떠들어댄다.

요즘은 '평생 직장'도 없는 시대이다. 예전처럼 한 번 취업이 되면 정년퇴임 때까지 안정적으로 일할 수 있는 시스템도 아니다. 회사에서는 어느 정도의 경력과 나이가 되면 명퇴(명예퇴직), 조퇴(조기퇴직)을 권유하고 있다. 권유도 아니다. 나가라고 압박을 한다. 압박을 견디지 못하면 명퇴나 조퇴를 해야 하는 현실이다. 한창 일할 시기에 퇴직을 하면 과연 무엇을 하고 살아야 할까?

미래를 준비해놓지 않은 탓에 퇴직 후에는 가장 쉽게 접근하기 쉬운 프랜차이즈에 기웃거린다. 부푼 꿈을 안고 프랜차이즈를 하게 되지만 현실은 또 가혹하다. 수많은 경쟁 속에서 살아남기는 결코 쉽지 않다. 결국 퇴직 때 받은 그 많은 퇴직금이 몇 년, 아니 몇 개월 만에 바닥이 나고 사업마저 접게 된다. 이것이 현재 우리가 살아가는 현실의 모습이다.

대부분의 사람이 사회 초년생일 때는 명퇴나 조퇴가 나와는 상관이 없을 것 같아 미래에 대해 준비하지 않는다. 일을 시작하는 시점에서 업무를 익히는 것도 버거워 생각하지도 못한다. 그리고 나에게 명퇴, 조퇴가 현실로 다가왔을 때는 지난날들을 후회할 뿐이다.

앞길이 막막하기 때문이다. 준비하지 못한 미래에 당장 쉽게 할 수 있는 일들을 하면서 가지고 있던 돈까지 바닥이 나면 결국 가족이 파탄이 나는 상황까지 이어질 수도 있다. 무서운 현실이지 않은가? 나에게는 오지 않을 것 같지만 내가 준비해놓지 않으면 남들과 똑같은 현실을 마주하게 되는 것이다.

그렇다면 남들과 다르게 미래를 마주하기 위해서는 무엇이 필요할까? 책을 읽어야 한다. 그것도 미치도록 목숨 걸고 읽어야 한다. 책은 내가 나아갈 방향을 제시해주는 등대와 같다. 어디로 갈지 모르는 망망대해에서 헤매고 있을 때 내 인생의 방향을 잡아주는 중심점이 되어준다. 모든 사람이 책을 읽으면 자신의 길을 당당히 걸어갈 수 있다. 책을 통해 인생이 변한 사례들은 무수히 많다. 손가락을 조금만 움직여 인터넷 서점에서 찾아보면 수많은 책을 찾아볼 수 있을 것이다. 지금 당장 손을 움직이기 귀찮은 상황이라면 예시 하나를 더 이야기하겠다.

이디야 커피를 창업한 문창기 사장은 사업 초창기에 제대로 성과를 내지 못하자 고민에 쌓였다. 그래서 일부러 그 해답을 찾기 위해 두 달 동안 책만 읽었다. 책을 읽으면서 자신의 문제를 해결하기 위해 고심했다. 그리고 책에서 얻은 지식을 바탕으로 새로운 깨달음을 얻었다.

"내부 고객의 만족 없이는 회사의 발전도 없다."

그 깨달음과 함께 문창기 사장은 회사를 경영했고, 10년 만에 업계 1위의 기업이 되었다. 책이 개인의 성공뿐만 아니라 사업의 성공도 이끈 것이다.

이처럼 책을 읽으면서 자신의 삶과 회사의 운명까지 바꾼 사례가 넘쳐난다. 내 고민과 비슷한 사례들을 찾아 그에 맞는 책들을 여러 권 읽으면서 책에서 배운 것을 적용하고 생각을 바꾸면 내 인생이 바뀌는 것이다.

나도 그랬다. 나의 문제점과 고민을 책에게 털어놓았고 그러면 책은 그에 합당한 답을 말해주었다. 나는 그 답을 흘려보내지 않고 내 삶에 적용해가면서 더 밝고 빛나는 미래를 맞이하고 있다.

지금 이 책을 읽고 있는 여러분의 미래는 어떠한가? 밝게 빛나고 있는가? 어둠에 휩싸여 있는가? 아니면 빛도 어둠도 아닌 무의 세계인가? 나는 여러분에게 책을 읽으라고 강력하게 권유하고 싶다. 책을 읽으면서 여러분의 미래를 준비하라고 말하고 싶다.

누구나 행복하고 성공한 인생을 살고 싶어 한다. 아무것도 하지 않고 가만히 있으면 그 누구도 당신에게 행복과 성공을 가져다주지 않는다. 하지만 책은 다르다. 책은 당신이 원하는 행복과 성공으로 가는 길을 알려준다. 사람은 읽는 만큼 세상을 보고, 보이는 만큼 준비하게 되고 생각하고 꿈꾸게 된다. 그리고 꿈꾸는 만큼 당신의 미래가 현실이 된다는 것을 명심하자.

책을 읽자! 책을 읽으면서 나의 미래를 밝고 희망차게 준비하자!

07

독서가 최고의 스펙이다

인생의 진짜 스펙은?

요즘은 스펙 사회다. 너도나도 스펙 쌓기에 정신이 없다. 하나라도 더 좋은 스펙을 쌓기 위해 청춘을 온전히 바치고 있다. 큰돈을 들여 해외 연수 가는 당연한 것이 되어버렸다. 사람들은 스펙을 쌓기 위해 태어난 것처럼 모두 스펙을 쌓기 위해 걸음마를 떼기도 전에 하나라도 더 가르치고 배우려 한다.

우리나라는 전 세계에서 가장 교육열이 높은 나라 중 하나다. 미국 버락 오바마 전 대통령이 칭찬을 했을 정도다. 어려운 시대를 살아온 부모 세대가 자식들은 더 나은 삶을 살기 바라는 마음에 교육에 온 힘을 다했다. 과거에는 명문대를 나와 좋은 직장에 취업을 해서 안정된 삶을 사는 것이 최고의 인생이고 부모에게 효도하는 것이었다.

예전에는 "개천에서 용 난다."라는 말이 있었지만 지금은 그 말은 통하지 않는다. 지금은 태어나면서부터 부모의 스펙에 의해 좌우되는 인생인 것처럼 대중매체에서 자주 비춰주다 보니 열악한 환경에서 태어난 사람들은 처음부터 포기하는 경우가 많다.

과연 스펙이 무엇일까? 스펙은 영어 단어 'specification'에서 온 말이다. 사용 재료의 재질, 품질, 치수, 성능 등을 의미하는 단어이다. 이 말은 구직자의 학력, 학점, 영어 점수, 자격증 등을 가리키는 말로 의미가 확장된 것이다. '나'라는 제품의 특징과 성능을 '눈에 보이는' 척도로 나타낸 것이다. 많은 사람들이 이 스펙에 길들여져 있다.

사람들이 왜 스펙을 쌓으려고 할까? 우리가 쌓는 스펙은 입학이나 취직을 하기 위한 것이다. 그것뿐이다. 그러나 그 스펙은 입학과 취업하는 순간에만 가치가 발휘된다. 입시나 취업을 하고 나면 이전의 스펙은 아무런 의미가 없어지고 만다. 지금 우리가 일반적으로 쌓고 있는 스펙으로 할 수 있는 것은 취업뿐이다. 결국 월급쟁이가 되어 남을 위해 일하는 사람이 되기 위해 스펙을 쌓은 것일 뿐이다. 물론 남들과 좀 더 다른 스펙으로 억대 연봉을 받을 수도 있다. 그런데 그거 아는가? 남의 일을 하면서 억대 연봉을 받아도 내 회사를 차려 자신의 회사에 벌어다 주는 돈보다 많을 수는 없다.

성공한 사람들의 진짜 스펙은 독서였다

세상에는 스펙에 상관없이 크게 성공한 사람들이 많다. 성공에 이르는 길은 다양하다. 스펙은 다양한 방법 중 하나일 뿐이다. 오히려 스펙 경쟁에서 이기는 것이 더 힘들고 어려울 수 있다. 왜냐하면 뛰는 놈 위에 나는 놈이 있기 때문이다.

성공한 사람 중에 스펙이 낮은 사람들이 많다. 중국 최대 전자상거래 업체 '알리바바'를 세운 마윈은 월급 15달러를 받던 영어 강사였다. 발명왕 에디슨은 초등학교 3학년 때 퇴학을 당했다. 애플의 스티브 잡스는 리드 대학교를 자퇴했다. 마이크로소프트사의 빌 게이츠 또한 하버드 대학교를 자퇴했다. 파나소닉을 세운 마쓰시타 고노스케도 간사이 상공학교를 중퇴했다. 이처럼 스펙이 없어도 전설적인 인물은 많다.

그렇다면 무엇이 이들을 스펙 없이도 전설적인 인물로 만들었을까? 바로 독서이다. 이들 중에 독서를 게을리 한 사람은 단 한 명도 없다. 그 누구보다 치열하게 독서를 했다.

발명왕 에디슨은 미국에서만 특허가 1,093개이다. 다른 나라에서는 1,239개의 특허를 받았다. 초등학교 3학년에 퇴학을 당한 학생이 어떻게 이런 어마어마한 성과를 내는 발명왕이 될 수 있었을까? 그것은 바로 분야를 뛰어넘는 다양한 책을 엄청나게 읽었기 때문이다. 초등학교밖에 나오지 못했지만 그는 엄청난 책들 덕분에 탁월한 업적을 남길 수 있었던 것이다. 실제로 에디슨은 도서관 전체의 책을 읽은 것으로도 유명하다. 에디슨은 이렇게 말하기도 했다.

"나는 책을 읽지 않았다. 아예 도서관을 통째로 읽었다."

이렇듯 우리가 살아가는 데 진정한 스펙은 책이다. 개개인이 읽는 책이야말로 그 사람의 진짜 스펙일 것이다.

요즘 젊은이들은 스펙을 쌓을 대로 쌓아서 대기업이나 공무원, 전문직만 될 생각을 한다. 뉴스에 나오는 기사들도 대부분 공무원 시험과 대기업에 취직을 하기 위해 경쟁이 치열하다고 전하고 있다. 젊은이들이 대기업과 공무원에 목을 메는 이유는 뭘까? 우선 대기업에 입사하게 되면 다른 사람들보다 성공했다는 생각을 한다. 집안과 주위 사람들에게 자랑거리가 될 수도 있다. 하지만 지금 당장 편안하고 안정적이라고 해서 언제까지 그 안정이 유지되리라는 법은 없다.

성공은 하고 싶으나 실패는 용납을 못 한다. 실패를 용납할 수 없기 때문에 실패가 적은 길을 선택하는 것이다. 사람이 성공을 향해 나아가는 과정에는 실패가 있을 수밖에 없다. 단번에 성공의 정상에 오른 사람은 아무도 없다. 실패를 거듭하면서 성장할 수 있는 것이다. 옛말에 "실패는 성공의 어머니"라는 말도 있지 않은가. 여기서 말하는 실패는 영원한 실패가 아니다. 실패는 성공을 위한 성장의 과정이다. 그리고 성공을 위해서는 성장이 필수라는 것을 잊어서는 안 된다.

사람들은 쉽게 자신의 한계를 결정한다. 할 수 있는 것과 할 수 없는 것을 쉽게 구분해버리는 것이다. 할 수 없다고 생각하는 것은 쉽게 포기한다. '어떻게 하면 될까?'를 고민하지 않고 포기하는 쪽을 선택한다. 그것이 힘들지 않기 때문이다. 실패에 대한 두려움이 포기하는 마음을 쉽게 갖는다. 포기하는 마음만 갖지 않으면 방법은 있다. 바로 책을 통해 해결할 수 있다. 책은 저자들의 삶의 실패와 성공에 대한 경험과 지식, 지혜를 담고 있다.

그들도 처음에는 모두 무엇을 어떻게 시작해야 할지 모른 상태에서 불안하고 캄캄한 미래를 포기하지 않고 나아갔다. 그랬기 때문에 어두운 터널을 통과했고 그에 대한 비법과 지식, 지혜를 책으로 남긴 것이다. 다른 사람들이 자신과 같은 길을 걷지 않길 바라는 마음에서 말이다. 즉, 실패를 두려워하며 시도조차 하지 않는 사람들을 위해 쓴 것이다.

역사학자 바바라 터크만은 책을 이렇게 묘사했다.

"책은 문명의 전달자이다. 책이 없다면 역사는 침묵하고, 문학은 언어장애인이며, 과학은 절름발이이고, 사상과 사색은 정체된다."

책이 없었다면 문명은 발전할 수 없었을 것이다. 책의 힘이 정말 대단하지 않은가? 문명과 역사, 문학, 과학과 사상에 이르기까지 책이 닿지 않은 곳이 없다. 책이 있었기에 우리는 지금의 문명을 누리고 살 수 있는 것이다. 책이 있었기에 예전과 같은 실수를 반복하지 않는 것이다. 시간을 아끼는 것이다. 시간은 이 세상에서 가장 소중하다. 그 소중한 시간을 아낄 수 있게 하는 것이 책이다.

살다가 문제에 봉착해 어떻게 해야 할지 모르거나 헤쳐나가고자 한다면 반드시 책을 읽어라. 문제를 뚫는 방법을 알려주고 시간을 아껴주고 미래를 밝혀주기 때문이다. 이것이 진정한 스펙이다.

08

꾸준한 독서로 나를 성장시켜라

시련과 역경은 독서로 이겨낼 수 있다

노먼 빈센트 필이 말했다. "자신이 성공하는 내면의 그림을 마음속에 명확히 그리고 지울 수 없게 각인시켜라. 이 그림을 끈질기게 간직하라. 절대 희미해지도록 내버려두지 마라. 그대의 마음이 이 그림을 실현하도록 어떤 장애물도 두지 마라."

2020년 1월 중순부터 뉴스에서 코로나19가 중국에서 시작했다는 소식이 간간이 전해지고 있었다. 급속도로 퍼져가는 바이러스 감염에 중국은 아비규환이 되어가고 있는 것 같았다. 그런데 머지않아 코로나19가 대한

민국을 덮쳤다. 방심하고 있는 사이에 2월부터 감염자들이 우후죽순 나타났다고 뉴스에서 보도했다. 2월 말에는 감염자가 5,000여 명이 넘더니 3월 중순(현재)에는 확진자만 8,000여 명이 넘고, 사망자가 72명이 넘었다. 전염성이 강한 탓에 사람끼리 접촉을 금해야 한다는 방송이 보도되고, 정부에서는 대규모 집회나 강연, 교회나 대중시설을 가는 것을 자제해달라는 문자가 수시로 날아온다. 심각하게 퍼지는 코로나19에 사람들은 공포심을 갖고 외출과 만남을 자제하고 있다. 사람들이 돌아다니지 않으니 문 닫는 가게들이 속출하고 있다. 월세와 인건비를 줄이기 위해 인력을 감소하거나 휴업을 하는 실정이다. 사람들은 무너지는 경제에 아우성을 치고, 혼란 속에서 살아가는 현실이다.

그러나 우리는 지금의 코로나19뿐만이 아니라 살아오면서 숱한 고난과 역경을 만났다. 꼭 사회적 상황만 해당하는 것이 아니다. 우리는 사회적 동물이기 때문에 어쩔 수 없이 사람들과 인간관계를 맺고 살아간다. 사람들에게 받는 상처는 사회적 상황에서 받는 상처보다 더 깊다. 이 어려운 시대, 혼란과 역경 속에서 수많은 사람이 고난과 시련 앞에 무너지는 경우도 쉽게 찾아볼 수 있다. 어려운 환경과 상황들은 사람들의 정신과 마음을 피폐하게 만들고 세상을 바르게 볼 수 있는 생각과 시선을 가로막는다. 사람과 사회적 상황으로 인한 고난과 역경의 상처는 쉽게 회복되지 않고 사람을 옭아매고 혼란 속에서 살아가게 한다.

그렇다고 넋 놓고 살아갈 수만은 없다. 이겨내고 앞으로 나아가야 하는 게 인생이다. 책은 사람을 위로하고 부정적이고 일그러진 우리의 생각과 일상을 바로 잡아준다. 상처를 치유하고 회복시켜주면서 용기를 갖고 앞으로 나아갈 수 있는 원동력을 제공한다. 책은 이렇게 우리의 삶을 변화시켜준다.

"시련과 역경은 변형된 축복이다."라는 말이 있다. 시련과 역경이 누구에게나 축복이 되는 것은 아니다. 누구에게나 시련과 역경은 있지만 그것을 어떻게 해석하고 대하는지에 따라 시련의 걸림돌에 걸려 넘어질 수도 있고, 잘 이겨내고 눈부신 미래를 향해 빠르게 도약하는 디딤돌이 될 수도 있다.

독서를 꾸준히 하면서 넓고 크게 확장된 의식과 시선을 갖게 된 사람에게만 시련과 역경이 축복이 된다. 그 시련과 역경을 이겨내고 빛나고 눈부신 인생을 살고자 한다면 꾸준한 독서를 해야 한다. 책은 분명 그 힘을 우리에게 제공한다.

일본 최고의 부자 중의 한 명, 지금의 소프트뱅크 손정의를 만든 것은 독서이다. 만성간염 진단을 받고 3년간 병실에 누워 있는 동안 4,000권의 책을 독파했다. 그 4,000권의 독서는 손정의에게 먼 미래를 내다보게 했고, 사업의 방향을 설정할 수 있게 해주었다. 3년간 책을 집중적으로 읽으면서 사업과 인생을 바꾼 것이다. 독서를 통해 지혜와 혜안을 얻어 소프트뱅크를 엄청난 기업으로 성장시켰다. 그가 힘든 병 중에 절망하거나 좌절하면서 시간을 허비했다면 지금의 손정의의 삶과 성공은 없었을 것이다. 책을 미치도록 열중해서 읽었기에 지금의 손정의가 있는 것이다. 손정의는 절망의 시간마저 독서로 승화시킨 것이다.

한 번뿐인 인생 어떻게 살 것인가?

누구에게나 시간은 똑같이 주어진다. 그러나 우리는 주어진 시간을 내가 아닌 남을 위해 쓰고 있다. 자신을 위해 쓰기에도 부족한 시간을 남을 위해 쓰고 있으니 정작 자신에게 투자해야 할 시간은 항상 부족한 것이다. 가장 확실한 투자는 자신을 위한 투자인데도 자신에 대해 진지하게 생각하지 않는다. 사람들은 자신이 원하는 삶을 꿈꾸면서도, 지금의 조건에 익숙해져서 편안함을 추구하면서 현실과 타협하고 살고 있다. 버겁다는 것을 알지만 다른 꿈을 꾸기에는 늦었다고 생각한다.

유성은 작가는 『성공하는 사람들의 시간 관리 습관』에서 시간의 중요성을 이야기한다.

"시간이 귀중하다는 사실은 부인할 수 없다. 그래서 '시간은 돈이다.'라고 한다. 또 '시간은 황금이다.'라는 말도 있고, '시간은 생명이다.'라는 말도 있다. 모든 시간은 가치가 있다. 유료주차장에 차를 세워두면 시간의 경과에 따라 돈을 지불해야 한다. 현대인의 필수품인 스마트폰 역시 통화 시간에 따라 요금이 계산된다. 은행에 돈을 맡기면 맡긴 기간에 따라 이자를 받을 수 있다. 텔레비전의 광고료는 초 단위로 계산된다. 시간은 그 자체가 돈이다."

시간은 누구에게나 똑같이 주어지지만, 주어진 시간을 어떻게 생각하고 관리하느냐에 따라 인생이 달라진다. 역사적으로 성공한 대부분의 사람은 주어진 시간에 독서에 몰입했다. 역사적으로 성공한 이들이 책을 읽지 않았다면 어떻게 되었을까? 우리가 잘 알고 있는 현대 그룹의 고 정주영 회장은 평범한 노동자로 살았을 것이고, 나폴레옹은 섬에서 평범하게 살고 있었을 것이다. 미국 대통령 링컨은 어떠한가? 아마 그는 평범한 농부로 살지 않았을까 싶다. 이외에도 우리가 알고 기억하는 이들은 모두 독서를 통해 성공하고 역사적인 인물이 되었다는 것이다.

독서는 부모나 가정 환경, 집안 배경, 스펙, 학교 성적 등을 뛰어넘어 내 인생을 바꾸는 위대한 도구이다. 링컨, 워런 버핏, 스티브 잡스, 빌 게이츠 등이 성공한 이유는 학력이 좋거나 집안이 좋아서가 아니다. 사회의 기준으로 본다면 이들 모두는 실패자, 패배자였다. 사회에서 실패자, 패배자가 됐을 법한 이들은 바로 '독서'를 통해 자신의 삶을 눈부신 인생으로 바꾼 것이다. 독서는 이렇게 위대한 힘을 가지고 있다.

나는 순탄치 않은 가정 환경과 서툰 사회생활로 힘든 나날을 보냈다. 그러나 20대에 책을 읽게 되면서 그동안 내가 겪은 시련과 고통에 대한 시각과 생각이 완전히 달라졌다. 불평과 불만이 일상이었는데 감사함으로 인생을 맞이하게 되었고, 나만 바라보는 것이 아니라 다른 이들을 바라볼 수 있게 되었다. 지금의 시련과 역경이 반드시 나의 눈부신 미래의 초석이 될 것이라는 확신이 생겼다. 지금의 시련과 역경을 통해 무엇을 배울 수 있을지 생각하며 주어진 일에 최선을 다하고 무엇 하나라도 배우려는 마음가짐도 갖게 되었다.

사실 나도 책을 읽기 전에는 왜 나에게만 이런 시련과 역경이 찾아오는지 하늘이 원망스럽고, 부모님을 원망하며 주어진 환경에 불평했다. 하지만 나는 책을 읽고 생각과 사고를 변화시키면서 다른 인생을 살게 되었다. 이렇게 책은 사람을 깨우쳐 생각을 변화시켜준다. 생각이 바뀌면 행동이 바뀌고 행동이 바뀌면 운명이 바뀐다. 생각은 행동이 되고 행동은 그 삶이 되기 때문이다.

나는 사람들이 반드시 책을 읽어야 한다고 생각한다. 힘들수록 책을 붙잡아야 한다. 힘든 역경과 시련을 극복하고 눈부신 미래로 나를 안내해주기 때문이다. 꾸준한 독서를 통해 평범함에서 비범함으로 갈 수 있다. 독서를 통한 사고와 의식 확장으로 성공한 삶을 살 수 있다. 지금까지 책에서 말한 위인들이 그랬고, 나도 성공했고 더 크게 성공하기 위해 오늘도 꾸준히 손에 책을 잡고 있다. 이 책을 읽고 있는 여러분도 1년, 3년이든 꾸준히 책을 읽는다면 읽는 만큼의 의식 확장으로 여러분이 원하고 꿈꾸는 성공에 다가가게 될 것이다. 그때를 생각해보라. 얼마나 행복하고 기쁘겠는가.

책을 읽자! 나의 눈부신 미래를 위한 길은 꾸준한 독서뿐임을 명심하자. 나는 여러분의 눈부신 미래를 열렬히 응원한다.

책이 시키는 대로 따라간

성공자들의 이야기 ⑩

레오나르도 다빈치

역사상 가장 위대한 천재

레오나르도 다빈치는 사생아로 태어나 학교 교육도 제대로 받지 못했다. 그런 그가 독서에 미치기 시작하면서 인류 역사상 가장 놀라운 천재의 반열에 오르게 된다.

그는 14살의 나이에 한 유명 미술가의 작업장 조수로 일했다. 천부적인 자질이 있던 그는 조수로 일하면서 6년 만에 수석 장인이 될 수 있었다. 그것은 13년 이상을 조수로 일해야만 오를 수 있는 자리였다. 그만큼 레오나르도 다빈치는 천부적인 재능이 있었지만 그에게도 실패의 경험들이 있었다.

1948년 피렌체 정부가 교황 식스트스 4세로부터 시스티나 성당을 장식

해줄 최고의 예술가들을 추천해달라는 의뢰를 받았다. 그 당시 유명 예술가들은 피렌체 사람들의 성대한 환호를 받으며 로마로 떠났지만, 그 행렬에 다빈치는 없었다. 피렌체 예술의 주 소비자인 지배층의 인정을 받지 못했던 것이다.

그랬던 그는 1487년에 라틴어를 독학하기 시작하였고, 이탈리아어로 번역되지 않은 문학, 철학, 역사, 역사 고전, 지리학, 의학, 미술학, 산수학, 천문학 등을 읽기 시작했다. 그가 다양한 분야와 방대한 양의 책을 읽기 시작하면서 그의 천재성은 더 빛을 발하기 시작했다. 책을 읽고 나서부터 그는 회화, 조각, 공기역학, 광학, 해부학, 식물학, 건축학, 지리학, 물리학 등 다양한 분야에서 천재적인 업적을 남기게 된다.

레오나르도 다빈치는 분명 천재였다. 하지만 책을 읽기 전까지는 그의 천재성을 발휘하지 못하고 있었다. 그러나 책을 몰입해서 읽으면서 그의 천재성은 마치 기다렸다는 듯이 밖으로 표출되었고, 역사를 향해 질주하기 시작했다. 결국 그의 이름은 '천재'를 상징하는 대명사가 되었다.

레오나르도 다빈치 전기 작가 중 한 명인 에드워드 맥커디는 이렇게 말했다. "레오나르도 다빈치는 관심 있는 주제에 대해 구할 수 있는 모든 고전을 구하고 중세의 고전 문헌을 공부하는 습관이 있었다."

이렇듯 레오나르도 다빈치의 천재성의 발휘는 책에서 시작했다고 해도 과언이 아니다.

인생을 멋지게 바꾸는 당신에게 브라보!

책은 아무것도 아닌 나에게 희망과 꿈을 심어주었다. 책을 만나고 나서부터 나는 미래에 대한 꿈을 꾸기 시작했고, 희망을 갖게 되었다. 그러면서 삶이 행복해졌다. 노력해도 나아질 것 같지 않은 인생에 한 줄기 희망의 빛이 되어주었다.

우리 집은 가난의 대물림으로 가족 모두 힘겨운 삶을 살아왔다. 매일매일 뼈 빠지게 일을 해도 나아지지 않는 삶이 버거워 부모님은 매일 싸우셨다. 그런 환경 속에서 나는 희망이라는 것을 모르고 살고, 꿈은 생각도 못했다. 그런데 책을 읽으면서 나보다 못한 환경의 사람들이 번듯하게 성공하고 멋지게 살아가는 모습을 발견하였고, 책은 나도 그들처럼 될 수 있다고 용기를 북돋아주고 있었다. 그러면서 나는 희망과 꿈을 갖게 되었다.

나는 책을 통해 인생을 한 단계씩 업그레이드하고 있다. 내가 20대 때 책의 도움을 많이 받았고, 할 수 있다는 자신감을 얻었기 때문에 이 이로운 점들을 사람들에게 알려주고 싶었다. 나도 책을 통해 지금 더 나은 삶을 살아가고 있으니 당신들은 나보다 더 나은 삶을 살 수 있다고 희망을 전해주는 사람이 되고 싶었고, 그런 책도 쓰고 싶었다. 그런데 그 꿈을 지금 이루게 되었다. 공동 저서는 물론이고 개인 저서인 이 책까지 쓰게 되었으니 말이다. 다소 시간이 걸리긴 했지만, 지금 작가의 길을 걷게 된 계기도 책을 읽고 행동했기 때문이다.

책은 읽는 것에 그치면 안 된다. 읽고 반드시 행동으로 옮겨야만 새로운 나를 만나고 진정으로 성장할 수 있다. 읽는 것에만 그치는 독서는 그저 취미에 불과하다. 나는 이 책에서 취미에 그치는 독서는 말하지 않는다. 행동하라고 말한다. 읽고 감동에 그치는 독서는 진정 나와 내 삶을 바꾸지 못한다. 이 책을 읽는 당신이 진정 변하고 싶다면 읽고 행동하라고 말하고 싶다. 책에는 내가 풍요롭게 살 수 있는 방법이 무궁무진하다. 그 많은 방법들은 기회가 왔을 때 잡아야 한다. 그러기 위해서 읽고 행동해야 한다.

성공자들은 읽는 것으로만 그치지 않았다. 모두 행동으로 옮긴 이들이다. 그들이 했다면 당신도 할 수 있다. 우리는 모두 같은 조건을 갖고 이 땅에 태어났다. 단지 살아온 환경이 다를 뿐이다. 그 살아온 환경도 치열하게 독서를 하고 행동으로 옮기면 바꿀 수 있다. 우리 모두에게는 거인이 있다. 내 안의 잠든 거인이 있다는 것을 잊고 모른 채 살아가고 있을 뿐이다. 이 잠든 거인을 깨우는 방법은 책을 읽는 것이다. 독서를 통해 내 안의 잠든 거인을 깨우면 멋지게 성공하는 인생이 당신을 기다리고 있을 것이라고 확신한다.

처음부터 어려운 책을 읽을 필요는 없다. 처음에는 가벼운 책부터, 자신이 흥미가 가는 책부터 읽어보자. 독서도 습관이 필요하다. 어떤 책이든 괜찮다. 철학서든, 인문 고전이든, 자기계발서든, 심리학이든 관심이 가는 책부터 시작하면 어느새 지식과 지혜가 쌓이고 사고와 의식이 비약적으로 커져 있음을 알게 될 것이다. 그로 인해 자신감을 갖게 되면서 희망과 꿈을 꾸게 된다. 그리고 포기하지 않고 나아가면 그 희망과 꿈은 현실이 된다.

이 글을 읽는 당신이 이 책을 통해 독서의 중요성을 알게 되고 책을 읽고 행동하는 삶을 사는 것은 내가 이 책을 쓴 가장 큰 보람일 것이다. 책을 통해 삶을 더 멋지고, 풍요롭게 맞이하며 누리는 당신이 되길 희망한다. 인생을 멋지게 바꾸는 그 한 사람이 당신이 되었으면 하는 바람이다. 그리고 그 삶을 열렬히 응원하며 이 글을 마친다. 브라보! 당신의 인생!